Julius Stettenheim

Wippchens charmante Scharmützel

in Erinnerung gebracht
von

Siegfried Lenz
und
Egon Schramm

Hoffmann und Campe

CIP-Kurztitelaufnahme der Deutschen Bibliothek

Stettenheim, Julius:
Wippchens charmante Scharmützel / Julius Stettenheim.
In Erinnerung gebracht von Siegfried Lenz und
Egon Schramm. – 1. Aufl. –
Hamburg : Hoffmann und Campe, 1983.
ISBN 3-455-07391-3
NE: Lenz, Siegfried (Bearb.)

Schutzumschlaggestaltung Jan Buchholz und Reni Hinsch
Gesetzt aus der Korpus Baskerville Antiqua
Satzherstellung alphabeta Fotomengensatz GmbH, Hamburg
Druck- und Bindearbeiten Ebner, Ulm
Printed in Germany

Manches über Wippchen

Wippchen wurde nicht zum Kriegsberichterstatter geboren, vielmehr umstanden nach seiner Auskunft »seine Amme die Musen«. Obwohl man ihm »Papier und Tinte höher hängte«, bewahrte er sich seinen Hang zur Poesie und dichtete sich »fern vom Geräusch seines Vaters« in den Schlaf. Er selbst machte den Hunger dafür verantwortlich, daß er schließlich doch Schlachtkorrespondent wurde, und zwar ein Schlachtkorrespondent, wie es ihn nie zuvor gegeben hatte.
Dabei kam ihm der Umstand zugute, daß es, zufolge einer Statistik, in den letzten Jahrhunderten zu jeder Zeit irgendwo auf der Welt zumindest einen Krieg gab. Somit brauchte das Publikum nie um dramatische Nachrichten zu bangen, wie auch Wippchen nie um einen Kriegsschauplatz bzw. um ein Feld der Ehre verlegen war. Bellona setzte ihn auskömmlich in Brot, wobei allerdings zugegeben werden muß, daß in Zeiten, in denen die Kriegsgöttin mäßig raste, Wippchen gezwungen war, einige gängige Schlachten und wohlfeile Scharmützel obendrein selbst zu erfinden.
Da sich die dramaturgischen Regeln des Kriegstheaters stets gleich geblieben waren, hielt es Wippchen, der Schlachtkorrespondent, gar nicht erst für notwendig, sich einen Parkettsitz in Frontnähe zu verschaffen. Wippchen machte es anders: er logierte sich, mit Wissen seiner Berliner Zeitungs-Redaktion, in dem freundlichen Städtchen Bernau ein und nahm sich vor, »täglich eine größere Schlacht zu liefern« — gegen Vorschuß, versteht

sich. Und um diesen Vorschuß führte er einen Feldzug für sich, wie er überhaupt genötigt war, neben der Strategie des Krieges eine private Strategie einzuhalten.

Er war dabei ein so einfallsreicher Erfinder, daß es niemanden verwundern wird, zu hören, daß auch er selbst eine Erfindung ist. Der Mann, der Wippchen, den unvergleichlichen Schlachtkorrespondenten, zu Vergnügen und Spott erfand, hieß Julius Stettenheim, ein Journalist und Satiriker, der 1831 in Hamburg geboren wurde. Er schrieb für das von Hoffmann und Campe betreute Witzblatt »Mephistopheles«, ging dann nach Berlin, war Mitarbeiter des »Kladderadatsch« und Redakteur der politisch-satirischen Zeitschrift »Die Wespen«. Stettenheim versuchte auf seine Weise, dem Krieg zu geben, was des Krieges ist: mit schneidendem Witz, mit wohlgezieltem Spott und treffender Ironie kommentierte er die dröhnenden Narreteien des Kriegstheaters, und zwar zu einer Zeit, da Viel Feind noch gleichbedeutend war mit Viel Ehr. Im Alter von fünfundachtzig Jahren, 1916, starb Julius Stettenheim, über den Meyers Konversationslexikon noch zu Lebzeiten lakonisch vermerkte, daß er die Tagesereignisse mit drolligen Einfällen begleitete und daß seine Schriften großenteils bereits vergessen seien.

Wir sind anderer Meinung. Wir halten seine Einfälle, über die damals ganz Berlin lachte, für nichts weniger als nur drollig, und wenn er wirklich vergessen sein sollte, so halten wir es für angezeigt, ihn nicht in der Vergangenheit zu lassen. Denn beim Wiederlesen zeigt sich, daß seine Kriegsberichte nichts von ihrer Aktualität eingebüßt haben, daß sie uns immer wieder betreffen, auch wenn wir sie mit Gelächter quittieren. Es hat sich nicht sehr viel geändert.

Der orientalische Krieg

Vorbemerkung der Redaktion. *Das große und gerechtfertigte Mißtrauen, mit welchem das in Zeitungen blätternde Publikum den Briefen aus Hauptquartieren usw. entgegenkommt, hat auch uns veranlaßt, einen unserer* ownsten *Korrespondenten, Herrn Wippchen, der bereits mehrere Eröffnungen des Bockbierausschanks und zwei Generalversammlungen einer Baugesellschaft mitgemacht hat, auf den Schauplatz der orientalischen Frage abzusenden.*
Gestern nun ist unser Herr Wippchen, vom herrlichsten Wetter begünstigt, um elf Uhr vormittags abgereist. Abends hatten wir schon seinen ersten Brief und einen Bericht, den wir folgen lassen.

Bernau, 3. Mai 1877

Nach zweistündiger Fahrt bin ich hier angekommen und fand in diesem freundlichen Hussitenstädtchen eine fern vom Geräusch der Eisenbahn gelegene Wohnung, wo ich mich mit Muße meiner Aufgabe widmen zu können hoffe. Ich gedenke, Ihnen täglich eine größere Schlacht zu liefern. Die Lage Bernaus, das steht fest, ist eine dem Unternehmen durchaus günstige, da es möglich ist, von hier aus täglich zweimal nach dem Kriegstheater abzureisen, aber noch häufiger nach Berlin zu schreiben.
Schon auf der Eisenbahn sprach man viel davon, daß die Würfel gefallen seien und der Janustempel wohl so bald nicht wieder in die Scheide gesteckt werden würde. Darüber war man sich auch

am Abend vor meiner Abreise im »Kaiserhof« bereits ganz einig gewesen.

Leider bin ich nicht mit den nötigen Karten versehen. Mein Stieler, *nach welchem ich in der Schule Geographie lernte, ist doch veraltet, auch fehlt darin die Karte von der Türkei fast gänzlich. Indessen höre ich, daß in Bernau die »Kölnische Zeitung« und die »Neue Freie Presse« gehalten werden, mit deren Hilfe ich hoffe, mich leicht orientalisieren zu können.*

Vortrefflich war die Idee, mich abreisen zu lassen. Denn ein Kriegsberichterstatter, das steht fest, darf nicht fortwährend in der Stadt, in welcher seine Berichte gedruckt erscheinen, gesehen werden.

Das Wichtigste für heute ist, daß der gegenwärtige orientalische Krieg nicht der erste ist. Es haben schon mehrere stattgefunden, deren keiner mit der Vernichtung Rußlands oder der Türkei geendet hat. Beide erhoben sich stets wieder wie Aphrodite aus der Asche. Daß der Halbmond ein kranker Mann ist, kann ich nicht zugeben. Im Gegenteil glaube ich, daß er gesund ist wie ein Karpfen in Bier — würde er wohl sonst die Vielweiberei bis zur Bigamie treiben können?

Freilich, freilich, Rußland behauptet jetzt, der Bart des Propheten müsse vom Erdboden rasiert werden, weil die Türkei die Christen verfolge und quäle. Wie aber, wenn nun plötzlich die Türkei sagte, auch in Rußland seufzten die Christen unter dem Prokrustesbett, und es müßte deshalb den Russen die Kultur auf die Brust gesetzt werden — was dann?

Und England! Es wird, das steht fest, nicht dulden, daß sich Rußland nach außen vergrößert. Aber eine Erweiterung im Innern wird es doch mit seiner Armada nicht verhindern können.

Wo ist der Ariadnefaden, der uns aus der Scylla dieses Augiasstalles herausleitet?

Ich schreibe nunmehr meinen ersten Bericht vom Kriegsschau-

platz, lege denselben bei und bitte Sie, mir gleich einige von den neuen goldenen Fünfmarkstücken zu senden, auf welche man in Bernau sehr neugierig ist.

W. Leowa, den 24. April

Die rosenfingrige Eos hatte kaum fünf geschlagen, als ich mich von meiner nackten Erde erhob und an den Pruth eilte, um die russischen Truppen denselben überschreiten zu sehen. Als der General Strobelew mich sah, erklärte er, ich sei ein Spion, und verurteilte mich zu lebenslänglicher Knute. Ich drehte ihm natürlich den Rücken zu, lag aber währenddessen schon auf der Regimentsbank, und zwei Kosaken erhoben die Knute des Damokles bereits zum Todesstreich, als der General erklärte, ich sollte diesmal noch mit blauem Auge davonkommen. Ein Kosak schlug mir ein solches, und der General drückte mir dann die Hand mit der Versicherung, bald sollte in der Türkei kein Christ mehr seufzen.

W. Batum, den 26. April

Die Russen und die Türken waren in der Nähe von Batum aneinandergeraten. Ich stand auf einem Leichenhaufen und konnte alles genau beobachten. Die Türken hieben so furchtbar ein, daß bald ihre sämtlichen krummen Säbel völlig schlank gehauen waren. Die Russen ließen sich dies nicht zweimal sagen und schonten gleichfalls nichts. Der Kanonendonner war schrecklich. Bumm! Bumm! Aber viel lauter! Stundenlang wogte das

Gefecht. Endlich blieb es unentschieden. Die Russen sowohl als auch die Türken haben gesiegt. Ermattet von Strapazen und Courage schlief ich endlich auf einer Trommel ein und erwachte erst, als ein Russe einen Wirbel auf mir schlug. *C'est la guerre!* Nächstens mehr.

Herrn Wippchen in Bernau
Seit dem Dritten haben Sie nicht ein einziges Scharmützel von sich hören lassen, denn Ihre Bitte um einen weiteren Vorschuß, den wir Ihnen auch leider geschickt haben, können wir doch unmöglich als einen Schlachtbericht ansehen. So scheinen Sie denn die ganze orientalische Verwicklung als eine Gelegenheit zu benutzen, für unsere Kosten auf dem Lande zu wohnen. Erhalten wir nun nicht umgehend einen der blutigsten Zusammenstöße aus Ihrer geschätzten Feder, so werden wir uns nach einem anderen Korrespondenten umsehen müssen. Erst gestern hat sich uns einer Ihrer werten Herren Kollegen empfohlen, welcher bereit ist, die Zeile Schlacht für fünf Pfennige zu liefern. Dies geben wir Ihnen zu bedenken und grüßen Sie in Erwartung eines verzweifelten Kampfes

ergebenst
Die Redaktion

Bernau, 17. Mai 1877
Klio, die Meduse der Geschichte, wollte mich diesen Morgen gerade zu einem Bombardement von Widdin begeistern, als Ihr werter Brief eintraf. Es tut mir leid, daß Sie unzufrieden sind. Aber Sie werden auch zugeben müssen, daß ich die furchtbare Macht Rußlands nicht übers Knie brechen kann. Eine Schlacht will geschrieben sein. Ich hatte auch mehrere Gemetzel zu Papier

gebracht, aber sie gefielen mir schließlich nicht, weil ich sie nach einem Bericht über die Erstürmung der Düppeler Schanzen verfertigt hatte und nicht recht wußte, wie ich die Insel Alsen plazieren sollte. Unmögliches dürfen Sie nicht von mir verlangen. Ich kann mich nicht wie Leda in einen Schwan verwandeln und einen Stier entführen. Wir sind alle nur mehr oder weniger Menschen, und Romulus und Remus wurden nicht an einem *Tage gebaut. Sie werden das einsehen und es wie ich* sapienti sat *haben, über diesen Gegenstand noch ein Wort zu verlieren.*
Ich lasse nun eine Schlacht folgen, welche ohne Zweifel etwas machen wird. Ich habe sie nach einer gewiß achtungswerten Quelle, nämlich nach dem bekannten Gedicht unseres geliebten Schiller, »Die Schlacht«, bearbeitet. Etwas Vorschuß könnte mir ferner gleichfalls nicht schaden. Und somit wünsche ich Ihnen zu den Pfingstfeiertagen einen recht trockenen Jupiter Pluvius.

W. Mukhaestate, den 11. Mai

Das war ein blutiger Tag! Mit dem ersten Hahnenschrei des Sonnengottes verfügte ich mich auf das zu erwartende Feld der Ehre. Es mochte sechs Uhr sein, als mir ein Blick meiner Zyklopenaugen durch das Fernrohr das Nahen der russischen Armee unter Generalleutnant Oklobschis verriet. Der Genannte ist ein Mann, der seit fünfundzwanzig Jahren auf allen Schlachtfeldern zu siegen oder zu sterben wußte. Durch die grüne Ebene schwankte, wie eine Wetterwolke, wahrlich nicht leicht, aber dumpfig, der Marsch. Da jagte, vorüber an hohlen Totengesichtern, der Major die Front nieder. Halt! tönte das starre Kommando. Da stand die Front lautlos. Aber nicht lange. Es begann das Feuer. Die Kugeln fielen wie die

Fliegen. Die Stellung der Türken auf den Höhen von Khatzubani schien uneinnehmbar. Der Höchstkommandierende derselben, dem beide Beine abgeschossen waren, stand mit einem Fuß im Grabe, aber er wankte nicht. Nah umarmten die Heere sich. »Gott befohlen, Brüder!« hörte man rufen. »In einer anderen Welt wieder!« Da stürmten die Russen hinauf, die Türken hinunter. Es folgte ein mehrstündiges Gemenge der Hand. Hierher, dorthin schwankte die Schlacht. Atropos, die Unerbittlichste der sieben Weisen Griechenlands, schnitt tausend Ariadnefäden entzwei. Da sank der Demimond der Türken in den Staub, und die Russen waren Sieger. Der Verlust auf beiden Seiten schwankt zwischen acht Mann und Unzähligen. Ich selbst verlor zwei Bleistifte, begebe mich aber auf das Stantepedeste in die nächste Schlacht.

Herrn Wippchen in Bernau
Ihr wertes Gemetzel vom 20. haben wir erhalten. Wir konnten aber keinen Gebrauch davon machen, da es viel zu klein war. Da es nun am Pfingstmontag regnete, so wäre wohl selbst mit einer Entscheidungsschlacht nicht viel zu machen gewesen, immerhin aber konnten Sie schärfer ins Zeug gehen, den Donauübergang bewerkstelligen, etliche türkische Regimenter aufreiben oder auf andere Weise Ihren guten Willen zeigen. Sie haben also viel nachzuholen.

Ergebenst
Die Redaktion

Bernau, 14. Juni 1877

Ich kann auf Ihre ergebene Zuschrift vom 12. Juni dieses Monats nur erwidern, daß Sie meine Stellung völlig verkennen. Ebenso nolens *als* volens *soll ich eine Schlacht nach der anderen schlagen und mithin Gefahr laufen, eines schönen Tages vor Konstantinopel zu stehen, während die Russen noch gar nicht daran denken, ja vielleicht nach einer verlorenen Schlacht Fersenrubel geben, um das Weiteste zu suchen. Lernte ich also Mores, wenn Sie es mich lehren, und würfe ich, in Fortunens Bockshorn gejagt, sofort eine Schlacht aufs Papier, so könnten Sie leicht zu spät einsehen, daß wir einen* Fauxpas *zu weit gegangen sind. Besonders in diesem Augenblick darf ich keine Schlacht ins Blaue hineinschreiben, denn man zischelt sich allerlei Friedenspalmen oder doch einen Waffenstillstand in die Ohren. Den Russen lächelt allerdings jetzt das Schwein, wie aber, wenn ihnen der eiserne Würfel den Rücken kehrt? Ohne Zweifel würden sie dann die Gelegenheit bei der Stirnlocke ergreifen, um mit heiler Gänsehaut davonzukommen.*

Es ist also nicht etwa Trägheit, was ich nicht tue. Ich strecke mich nur nach der Bärenhaut. Dienst- und opferfertig, wie ich bin, würde ich dem Herkules den Stielerschen Atlas tragen helfen und einem Pelikan die Brust aufschlitzen, um meine Kinder zu sättigen. Aber in meiner Eigenschaft als Kriegsschauplatzer kenne ich meine Oblügenheiten, und da darf mir kein fremder Kuckuck ein Ei in mein Nest legen und behaupten, er reiche mir das Wasser. Geschieht es, so kann mich dies zum Roland bringen, und ich möchte vor Wut aus dem Ossa fahren und mich auf den Pelion stülpen. Verzeihen Sie die Heftigkeit meiner Sprache, aber sagen Sie selbst: Kann ich ein Kornfeld aus der flachen Hand stampfen?

Apropposito: *flache Hand, so bitte ich um die Vorschußsendung mit umgehendstem Kurierzug.*

Einliegend der Donauübergang. Er hat mir viele Mühe gemacht. Erst hatte ich ihn nach dem Durchzug der Juden Israels durchs Rote Meer gearbeitet, aber die Brücken wollten mir durchaus nicht passen. So griff ich ihn denn aus dem Steg. Glauben Sie, daß er nicht zu früh ist, so drucken Sie ihn gleich. Ich schreibe aus Kalafat. Klingt Giorgewo besser, so nehmen Sie Giorgewo. Eigensinn liegt mir fern.

W. Kalafat, 10. Juni 1877

Endlich ist es geschehen! Schütteln Sie nicht ungläubig Ihren Thomas. Was Rußland wochenlang in schwebender Pein langte und bangte, ist gelungen: die Donau des Rubikon ist überschritten, und unaufhaltsam vollziehen sich die *fata libelli* der Türkei. Ich will versuchen, die Ereignisse des heutigen Tages wiederzugeben.
Vergeblich suchte ich den Schlaf des Gerechten auf den harten Federn des Fußbodens, als ich den Zapfen streichen hörte. Wer dachte da noch an Morpheus? Wie ein Blitz aus heiteren Wolken sprang ich in meine Beinkleider, warf mich in die Stiefel und eilte dahin, wohin mich die Tafeln der Geschichte riefen. Bald hörte ich die Kanonen von Rustschuk auf mich herniedergähnen, während die russischen Heeressäulen auf ihren kleinen Pferden heranmarschierten. Die Geschütze auf beiden Ufern predigten bereits tauben Ohren, ich hatte ihren Donner vorher nie so brüllen gehört. Die Türken, nichts Gutes ahnend, kämpften mit dem Mut der Verzweiflung, der man die Jungen geraubt. Sie sagten sich: *aut Rhodus aut salta!* Aber ohne Erfolg. Mit unerschütterlicher Ruhe schlugen die Russen ihre Pontons über die Nixen und

Najaden, welche noch vor einigen Tagen so bedenklich angeschwollen, nun aber gefallen waren. Dann wurde der Übergang unternommen und gelang. Der Tod schwang seine Hippe, von deren Ufern kein Wanderer wiederkehrt, und die Zahl des einen russischen Toten ist eine sehr große. Ich entrann nur durch ein Wunder seiner gesenkten Fackel. Aber auch die Türken stiegen scharenweise zu der stygischen Standuhr nieder. Nach fünf Stunden war alles vorbei — die Russen standen im Herzen des Turbans, und weithin erschallte ihr »Heil Dir im Siegerzar!« Lassen Sie mich schließen, ich bin so müde, als hätte ich zehn Fässer mit Danaiden gefüllt.

Herrn Wippchen in Bernau
Drei Wochen sind seit Ihrem Übergang der Russen über die Donau verflossen, ohne daß Sie sich herbeiließen, sich wieder mit den Ereignissen zu beschäftigen. Für Sie scheint mit Ihrem Donauübergang, der seitdem zum Glück wirklich stattgefunden hat, der orientalische Krieg sein Ende erreicht zu haben, während er nach unserem Dafürhalten damit erst in Fluß gekommen ist. Ihre irrtümliche Anschauung hat leider die natürliche Folge, daß Sie die für falsche Nachrichten günstige Zeit unbenutzt verstreichen lassen. Dies ist unerhört und schadet Ihrem Ruf empfindlich. Jetzt, wo die Verwirrung auf dem Kriegsschauplatz so groß ist, daß keine der feindlichen Armeen weiß, ob sie siegt oder flieht, ob sie sich auf dem Vor- oder auf dem Rückmarsch befindet, jetzt, wo die Russen am Tage nach der Schlacht den Türken mitteilen, wie es diesen bei dieser Gelegenheit ergangen ist, jetzt scheint uns für Sie die Zeit gekommen zu sein, das Beste zu leisten. Statt dessen warten wir umsonst auf irgendein Bombardement, obschon Ihnen Rustschuk und Silistria zur Verfügung stehen, und lassen

Sie sich die Dobrudscha ganz aus der Nase gehen. Sie scheinen nicht einmal das dort herauskommende »Niederbarnimer Kreisblatt« zu lesen, und das wäre denn doch das Wenigste, was wir von einem gutdodierten Kriegskorrespondenten verlangen können! Obendrein berichtet uns ein dortiger Freund, Sie seien in den letzten vierzehn Tagen nur selten in Bernau gewesen, sondern hielten sich viel auf dem Bahnhof von Freienwalde auf, wo die hübsche Kellnerin serviert. Ist dem so, so verkennen Sie allerdings Ihre Stellung: zum Erobern von Stationsmädchen brauchen wir keinen Kriegsberichterstatter!
Wir bitten Sie also recht sehr, sich schleunigst Ihrer Pflicht zu erinnern und uns einen Kampf von mindestens dreißig Zeilen zukommen zu lassen. Geschieht dies nicht, widmen Sie sich mehr der Liebe als dem orientalischen Krieg, so haben Sie sich die Folgen selber zuzuschreiben.

Ergebenst
Die Redaktion

Bernau, 12. Juli 1877
Ich habe mir eine Cholerado claro *angezündet und ließ mir mein Seidel mit schäumendem Gambrinus füllen. So hoffe ich den von Ihnen gekrümmten Wurm in mir vor einem gerechten Zornausbruch zu bewahren. Ich gebe gern zu, daß ich mich nach meinem jüngst ergebenen Donauübergang einem* dolce *überließ, welches etwas zu* far niente *war. Aber es geschah dies wahrlich nicht in den Tag hinein. Mein Prinzip ist, das Publikum nicht zu übersättigen. Man kann des Rebhuhns auch zu viel tun. In der Beschränktheit zeigt sich erst der Meister, sagt der Dichter. Wohin kommen wir, wenn ich täglich außer montags eine Schlacht abschicke, ein Bombardement in die Druckerei sende? Und Sie werfen mir ein Mädchen vor! Sie nehmen mir eine Kell-*

nerin krumm! Wenn Sie mir, als Sie mich gewannen, gesagt hätten: »§ 1. Herr Wippchen verpflichtet sich, dem weiblichen Geschlecht nichts anderes als Valet zu sagen«, so würde ich für keinen Midas der Welt die Stellung angenommen haben. Ich bin kein steinerner Don Juan, gewiß nicht, und niemals im Leben habe ich mich vom Ewigweiblichen derart hinanziehen lassen, daß ich heute nicht sagen könnte: »Ich blicke auf einen mäßig verlebten Casanova zurück.« Ganz aber kann ich das weibliche Herz nicht ungebrochen lassen, dann und wann drängt es auch den Kriegskorrespondentesten, seine Hände auf das Haupt eines Mädchens zu legen und das berühmte Heinesche Gebet zu verrichten. Und im vorliegenden Fall ist es noch dazu eine Bahnhofskellnerin, ein Verhältnis also, welches absolut harmlos ist. Jeden Augenblick kommt ein Zug, noch häufiger klingelt's und pfeift's, und Passagiere, welche Kaffee und Spritzkuchen heischen, drängen sich zwischen den Gürtel und den Schleier meines süßen Geheimnisses, das Sie so rauh mit den Fasces *Alexanders durchhauen wollen.*

Mein Mammon rerum *ist wieder zu Ende. Bitte, senden Sie mir umgehend vierzig bis dreißig Mark!*

Herrn Wippchen in Bernau

Vor etlichen Tagen waren Sie einmal wieder ganz und gar der alte Wippchen, dessen Nachrichten uns so unsäglich viel Verlegenheiten bereiten. Sie kündigen uns Ihre Verlobung mit dem bereits erwähnten Stationsmädchen oder, wie Sie sich ausdrücken, mit der Jeanne d'Arc *von Freienwalde an und bitten um einen größeren Vorschuß zum Zweck des Arrangements einer würdigen Verlobungsfeier. Wir senden Ihnen ein Gratulationstelegramm und den verlangten Vorschuß. Kaum war beides fort, so schreiben Sie uns wörtlich:*

»Ich bin in der Lage, die Nachricht, daß ich beabsichtige, in den heiligen Gott Hymen zu treten, ja, daß ich mich bereits verlobt hätte, ihrem ganzen Inhalt nach zu dementieren. An dem ganzen verbreiteten Verlobungsring ist auch nicht ein einziges Wörtchen wahr. Nach wie vor frei wie der Fisch in der Luft, ist es mir nicht einen Augenblick eingefallen, meinen Freiersfüßen den Rücken zu kehren, ich habe im Gegenteil dem betreffenden Mädchen nie einen Floh ins Herz gesetzt, aus welchem sie hätte die Hoffnung schöpfen können, daß ich gesonnen sei, ihr meinen Standesbeamten vor dem Altar zu reichen. Hagestolz will ich den Spanier! Ohne Frau, wie ich geboren wurde, will ich auch einst wieder in die dunkle Sense fahren. Um dieses Ziel zu erreichen, ist mir kein Korb zu hoch. Dies ist mein letztes Dixi.«

Wozu nun die vielen Worte? Sie brauchten ja nur einfach zu sagen, daß Sie wieder einmal eine Ente in die Welt gesetzt hatten. Daß Sie dies aber auch hinsichtlich Ihrer Privatangelegenheiten tun, das ist unglaublich, wenn auch höchst charakteristisch. Wir erwarten nunmehr wieder einen Artikel.

Ergebenst
Die Redaktion

Bernau, 26. Juli 1877

Ihre geschätzten Vorwürfe habe ich soeben erhalten, während ich damit beschäftigt war, eine größere Anzahl Grausamkeiten zu verfassen, mit welchen der Halbmond sein Gewissen belastet. Ich habe sie so eingerichtet, daß sie durch den Rotstift in russische verwandelt werden können, falls Ihnen dies augenblicklich besser passen sollte. Ich mache sie besonders auf die sechste Grausamkeit aufmerksam, auf welche ich meiner Phantasie etwas zugute tue. So wie es hier geschieht, hat wohl noch kein Kriegskorrespondent ein ganzes blühendes Dorf an unzähligen Ecken den Flammen überliefert, Kind und Kegel an der Mutter Brust auf Lanzen gespießt, unzählige Jungfrauen zu Paaren getrieben und sämtlichen Männern und Weibern erbarmungslos den Rest ausgeblasen. Dem Leser werden bei der Lektüre die Gänsehäute zu Berge stehen, denn ich selbst ballte unwillkürlich die umflorten Augen, als ich meine Arbeit nochmals durchlas. Europa, rief ich aus, während ich mir knirschend eine neue Zigarette entbrannte, Europa, wie lange willst du noch diese Scheusalkeiten ruhig mit ansehen?

Vom Vorschuß schweige ich heute. Aber ich bitte Sie, mir umgehend einen solchen zu senden.

W. Adrianopel, 23. Juli 1877

Nach dem von den Russen über den vielgenannten Balkan wie ein Lauffeuer bewerkstelligten Übergang, welcher mir heute noch wie ein Traum klingt, bin ich hierhergeeilt, um mich von den Strapazen, welche meinen Lebensfaden zu durchschneiden drohten, zu erholen. Welch ein Krieg! Unaufhaltsam scheinen die Russen auf ihren tönernen Füßen zu den Moscheen und Propheten der türkischen Hauptstadt vorzudringen, während die Türken gezwungen scheinen, zur äußersten grünen Fahne zu greifen und so das Zeichen zum allgemeinen Glaubensmars zu geben. Dann würde freilich das Gemetzel in einen schrecklichen Gorillakrieg ausarten und sowohl ein Tohu als auch ein Bohu entstehen, das zu schildern schon jetzt das Papier sich sträubt. Dahin wird es aber voraussichtlich nicht kommen. Denn soeben macht eine Friedenstaube aus bester Quelle die Runde durch die Stadt. Ich kenne den Wortlaut dieser Friedenstaube noch nicht, indes weiß ich bestimmt, daß der Zar Befehl gegeben hat, keine Kanone mehr in die Festungen zu werfen und von keinen Truppen weiter die Balkanpässe visieren zu lassen. In den Basaren stecken die Bürger ihre Nargilehs zusammen, und es herrscht überall die haschischste Stimmung. Eben tönt es von der Straße herauf: *Vive Islampereur!* Es lebe *Allah il Allah!* Die Börse ist fest.

Heute morgen sprach ich mit meinem Wirt, welcher den Krieg mitgemacht hat. Wie war der zugerichtet! Kosaken hatten ihm seine einzige Nase abgeschnitten und waren damit fortgeritten. Der Staat ließ ihm eine metallene machen.

»Erlauben Sie mir eine Frage?« fragte ich.

»Reden Sie«, sagte er, »ich bin ganz Ohr.«

»Eine Metallnase, und säße sie noch so fest«, bemerkte ich, »muß doch recht unbequem sein. Wie putzen Sie sie zum Beispiel?«

»Mit Putzpulver!« erwiderte er.

Ich schwieg. Mich überlief's brühkalt. O über die Russen!

Herrn Wippchen in Bernau

Zu unserem aufrichtigen Bedauern haben wir uns genötigt gesehen, Ihren jüngsten Bericht in den Papierkorb zu werfen. Sie wissen, daß wir der Geduld unseres verehrten Leserkreises vieles zumuten und demselben oft das Stärkste vorlegen. Wenn das Gebotene amüsant und halbwegs glaubwürdig ist, so sind wir nicht wählerisch. Ihr jüngster Bericht aber hat dieser Voraussetzung kaum zur Hälfte genügt. Sie schildern die Schlacht bei Plevna in lebhaften Farben. Vortrefflich. Dann aber lassen Sie die Russen nicht nur über den Balkan, sondern auch über die

Alpen zurückgehen, als hätten die Russen sich plötzlich entschlossen, sämtliche europäischen Gebirgsketten zu überschreiten. Wir wissen mit dem besten Willen nicht, wie Sie zu solchen halb wahnsinnigen Unternehmungen die Hand bieten können. Ihre Absicht, stets mehr als andere Kriegsberichterstatter tun zu wollen, mag ja löblich sein, führt Sie indes auf Abwege; wir aber können Sie darin nur mit Gefahr unseres Abonnentenstamms unterstützen. Dazu haben wir absolut keine Lust.

Ergebenst
Die Redaktion

Bernau, 8. August 1877

Es gehört meine ganze, mir wahrscheinlich nicht an der Amme vorgesungene Seelenruhe dazu, nicht das Unterste zum Obersten zu ernennen, wenn ich einen Brief wie Ihren jüngsten erbreche. Sie werfen mir also, mir nichts, Ihnen nichts, meine Alpen in den Papierkorb, den ich Ihnen doch noch höher hängen muß, und ersticken dadurch eine meiner besten Ideen in der Geburt. Ich habe nicht nur die Alpen, sondern auch noch andere Höhenzüge lange in mir herumgetragen und wollte nun, da sich eine passende Gelegenheit bot, die Russen über alle diese Berge zurückgehen lassen, um eben zu beweisen, daß die Russen über alle Berge sind. Zu unlustig — entschuldigen Sie dieses herbe Wort! —, dem Fluge meiner Phantasie auf Schritt und Tritt zu folgen, erschießen Sie mir meinen Pegasus unter dem Leibe, als hätten Sie eine Trichine vor sich, und rümpfen hinterdrein mitleidig die Achseln. Wahrlich, das schlägt dem Rabbi Akiba den Boden aus! Beigefügt der Marsch der Türken auf St. Petersburg.

W. Zarewitza, 6. August 1877

Die Hoffnung, daß die Russen nach der Völkerschlacht bei Plevna einen *Modus effendi* finden würden, um einen Frieden mit den Türken zu schließen, hat sich gestern nachmittag gegen vier Uhr nicht verwirklicht. Es war acht Stunden vor Mitternacht. Der Kaiser Alexander hatte sein Hauptquartier verlegt und konnte es nicht wiederfinden. Endlich traf er hier ein. Ich war gerade auf der Straße, als der Kaiser unter meinem Fenster vorüberzog. Er brütete auf seinem prächtigen Pferd, achtete nicht auf meinen gezogenen Hut und dachte über den jähen Wechsel der Fortuna nach, deren Füllhorn sich noch vor wenigen Wochen in seine Fußstapfen ausgeschüttet hatte. Welch ein Bild! Der mächtige Zar, in dessen Reich weder Sonne noch Mond unterging, plötzlich auf der Flucht vor der hart auf seinen Hacken wehenden Fahne des grünen Propheten! Er, der gestern noch glaubte, seine Rosse im Halbmond tränken zu können, heute sah er sich umsonst nach einem Abraham um, in dessen Schoß er sein gerunzeltes Haupt legen könne! Wem fiel bei diesem Anblick nicht das *Misere! Misere!* aus dem »Troubadour« ein? Mir wahrlich nicht.

So ging es fort. Das Hauptquartier wurde fortwährend weiter verlegt. Übermorgen wird es vielleicht in Frateschti sein. Wo morgen? Sechs Stunden später zogen die siegestrunkenen Türken mit fliegenden Fahnen ein und wieder aus, den Russen nach, unterwegs alles niedermachend, was nicht niet- und nagelfest war. Ich entging dem Gemetzel mit knappem blauen Auge. Überall, wo die Türken passierten, bezeichneten abgeschnittene und zweifellos leblose feindliche Köpfe, welche ihnen in die Hände gefallen waren, den furchtbaren Siegeszug. Direkt in das Herz Rußlands hinein! Meinen nächsten Brief empfangen Sie mit russischer Freimarke. Wir stehen entschieden vor der Kehrseite der Medaille.

Herrn Wippchen in Bernau

Sie sind ein überaus unruhiger Mitarbeiter und haben bereits unsere sämtlichen Redakteure nervös gemacht. Kommt ein Brief von Ihnen, so weigern sich schon sämtliche Herren, ihn zu öffnen, denn sie sind überzeugt, daß der Umschlag alles enthält, nur keine Entscheidungsschlacht. Und dies ärgert sie natürlich. Denn nun haben sie im letzten Augenblick den Ihnen auf der ersten Seite des Blattes angewiesenen Raum mit einem Leitartikel zu füllen. So enthielten denn auch Ihre letzten Briefe nur Klagen über die Schwere Ihrer Pflichten und über die Masse Ihrer Arbeit, beweisen aber nicht, daß Sie sich Ihrer Pflichten entledigen oder sich mit irgendeiner Arbeit beschäftigen. Dagegen schildern Sie uns die Notwendigkeit einer Erholungsreise für Sie und dringen darauf, daß wir Ihnen zu einer solchen einen Urlaub und Diäten bewilligen. Es versteht sich wohl von selbst, daß wir uns auf derartige Anforderungen nicht einlassen. Dagegen erinnern wir Sie hiermit dringend daran, daß wir das Recht haben, eine Schlacht, auf welche unsere Leser mit Schmerzen warten, von Ihnen zu fordern. Was hiermit geschieht.

Ergebenst
Die Redaktion

Bernau, 13. September 1877

Fassung, Wippchen, Fassung!

Lange ringelte mein Herz vergeblich danach, bis es sie gewann. Mein erster Gedanke war Vendetta! Vendetta, sagte ich mir, ist süß, ich wollte mich in die Spalten eines anderen Blattes stürzen oder, um deutlicher zu sein, mich seitwärts in die Büsche einer anderen Stellung schlagen. Erst nach schwerem Kampf brachte ich den an mir nagenden Wurm zum Schweigen. Es war der Kampf mit dem Drachen, den ich wahrlich nicht zum zweiten Mal steigen lassen möchte! Fassung, Wippchen, Fassung!

Seit ich in meiner frühesten Jugend geboren wurde, bin ich verdammt, meine Freiheit unter das Joch anderer Menschen zu beugen. Stürme ich, ein Titan, den Himmel, so kommt irgendein beliebiger Jupiter und zeigt mir, wo der Zimmermann den Tartarus gelassen hat. Habe ich ein Mütchen, so kühlt es mir ein Unberufener, habe ich ein Hühnchen, so pflückt es jemand mit mir, den die Sache gar nichts angeht.

Fassung, Wippchen, Fassung!

Man möchte verzweifeln! Anstatt meinen Wünschen Rechnung zu tragen, machen Sie mir, und zwar ohne Wirt, einen Strich durch dieselbe. Ich muß eine Reise machen, weil dieser Krieg meine Nerven auf den Kopf gestellt hat; da, während mir der Baedeker auf den Nägeln brennt, da verweigern Sie mir den Urlaub, welcher Wasser auf meine Tretmühle gewesen wäre.

Fassung, Wippchen, Fassung!

Einliegend der nahende Winter, welcher die beiden Heere zwingt, bis zum nächsten Lenz das Blutvergießen in die Scheide zu stekken. Es ist der Bericht, den ich verfaßte, um einige Wochen Muße zu haben, irgendein fernes Gebirge einzuatmen oder am Ufer eines Thalattas zu verweilen. Es sollte nicht sein!

Wollen Sie meinen Wünschen die Krone aufsetzen, so senden Sie mir deren zehn. Von der Kirchenmaus kann ich nicht leben.

W. Schipkapaß, 5. September 1877

Das Plevna-Jubiläum, zur Feier der fünfundzwanzigsten Schlacht bei Plevna, verlief dem seltenen Fest angemessen. Die russischen Offiziere dort, die türkischen hier, oder umgekehrt, versammelten sich, vom herrlichsten Kanonendonner begünstigt, in einer festlich geschmückten Batterie, stießen mit den Toasten an und drückten sich unzählige Hände. Es ist ihnen diese Freude schon zu gönnen. Fünfundzwanzig Schlachten in fünfundzwanzig Tagen! Eine silberne Bluthochzeit! Fünfundzwanzig Tage hintereinander hatte Bellona jeden Morgen, den sie anbrach, in die blutige Geißel gestoßen und die Heere gewissermaßen mit den Worten geweckt: »Aufstehen! Mars steht schon hoch am Himmel!« Und zehn Minuten später fielen aus den Kanonen die eisernern Würfel. Auch wir Berichterstatter hatten uns zur Feier des Tages um mich versammelt, den Tag zu feiern. Ohne der Bescheidenheit Schranken zu setzen, kann ich wohl behaupten, daß ich ihr Nestorküchlein bin und daß jeder, ein Laokoon, mich mit den Schlangen seiner Verehrung umwindet. »Wippchen hoch, *one,* zwei, *trois*!« so tönte es in drei Zungen, während sie die Neige bis zum Rande ihres Bechers leerten.

Da fiel Schnee, und im folgenden Nu lag der Balkan unter einem Hügel von Flocken begraben. Welch ein Schauspiel! »Soweit die Schiffahrt das Zepter meines Vater sendet« (Schillers »Carlos«), schoß der Schnee wie Pilze aus den düsteren Wolken, fiel die Null im Thermometer tief unter sich und kündigte Waffenruhe an. Waffenruhe! Das Schwert gießt sich in die Ecke des Diwans zu süßer

Siesta, denn in dieser Jahreszeit ist kein Mars zu führen, bis die Rosen das Eis wieder schmelzen. Waffenruhe! Da war in der weiten Runde kein Stein, der nicht jedem vom Herzen fiel, keine Träne, die nicht ein Auge füllte! Auch ich!

Die Armeen bleiben natürlich bis zum Wiederbeginn der orientalischen Frage mobil. Alles atmet auf. Ich gedenke mit Wallenstein einen langen Bruder des Todes zu tun. Freilich, wer weiß? Kein Mensch. Wenn aber, dann werde ich wieder auf meinem Vorposten sein und dem Fuß der Kriegsfurie getreulich in die Stapfen treten. Gewiß nicht!

W. Vor Plevna, den 13. Oktober 1877

Seit drei Tagen liege ich nun schon vor dieser Festung, ohne daß dieselbe Miene macht, zu Kreuze zu kriechen, so wenig wie der Russe daran denkt, zu Halbmond zu kriechen. Dagegen bombardiert der Belagerer fortwährend, und auch der Türke legt die Kanonen wahrlich nicht in den Schoß. Es ist ein Getöse, daß man oft nicht weiß, wo einem der Kopf steht, wenn man die Hände über denselben zusammenschlagen will, und man Gott dankt, seine heile Haut zu Markte tragen zu können.

Ich will in einem Augenblick der Ruhe versuchen, ein Lagerbild zu entrollen. Soldaten von allen Farben und Feldzeichen drängen sich durcheinander. In den Zelten wird gesungen. Ein Bauer und sein Sohn kommen und denken, sie könnten den Soldaten die gestohlenen Sachen abnehmen. Denn die Russen, das muß ihnen der Neid lassen, stehlen wie die sieben Raben. Da nahen ein

Wachtmeister, ein Trompeter und ein Ulan, und der letztere gibt dem Bauern und seinem Sohn zu trinken und führt sie nach dem Zelt, wahrscheinlich, um mit ihnen zu würfeln. Gleichzeitig kommt ein Kosak, der ein Halsband hat, das nimmt ihm ein Scharfschütze ab und gibt ihm seine blaue Mütze dafür. »Halbpart, Schütze!« ruft ein Trompeter. Ein buntes Treiben! Dazwischen Marketendirnen, welche sich von Jägern den Hof schneiden lassen. Ich muß es mir hinter meinem Rücken nachsagen, daß ich dem Amor nie über die Schnur haue. Da kommt ein Rekrut singend aus dem Zelt, der sich anwerben ließ, Bergknappen aus dem Kaukasus treten auf und spielen einen Walzer. Alsbald beginnt ein kleiner Terpsichore, und alles tanzt. Mittendrin erscheint ein Kapuziner und predigt eine sehr wütende Gardine, bis es den Soldaten zuviel wird und sie den Philippicus fortjagen. Kaum ist dies geschehen, so bringen Arkebusiere, Dragoner und andere den Bauern, der mit falschen Würfeln Karten gespielt hat. Man will ihn hängen. Zum Glück kommt ein Erster Kürassier, der ihn befreit, und nun singen alle ein munteres Lied, dessen Anfang, aus dem Russischen übersetzt, etwa lautet: »Wohlauf, Moskowiten, aufs Pferd, aufs Pferd!«, und dazwischen regnen die Granaten so dicht aus der Festung, daß keine Bombe zur Erde fallen kann.

Trommelwirbel. Die Truppen stürmen. Ich schließe. Vielleicht stecke ich den Brief in Plevna in einen Kasten.

Herrn Wippchen in Bernau
Nach reiflicher Überlegung haben wir uns, wie Sie richtig vermuten, entschlossen, Ihren jüngsten Bericht zurückzulegen. Wir werden denselben auch nicht etwa später drucken, so interessant er in mancher Beziehung auch sein mag. Sie werden uns ohne Zweifel beipflichten. Denn Sie lassen denn doch Ihrer Phantasie etwas zu unüberlegt die Zügel, indem Sie sich in dem gestürzten Kars das gefallene Paris des Jahres 1871 vorstellen und den Ausbruch und die Herrschaft der Kommune in Kars schildern. Dabei halten Sie sich streng an das Original und erzählen von dem Brand der Schlösser, dem Sturz einer Vendômesäule, der Erschießung der Geiseln usw., ja, gehen sogar so weit, ausführlich mitzuteilen, daß Rußland sich entschlossen habe, einen Teil der gefangenen türkischen Armee freizulassen, damit dieselbe Kars den Händen der Petroleure entreiße. Das, meinen wir, geht doch etwas zu weit. Wir haben Ihnen manche Konzession gemacht und dadurch vielerlei Berichtigungen, Klagen, ja selbst Spott hervorgerufen. Es wäre doch unverantwortlich und hieße unser Blatt ruinieren, wenn wir nicht da wenigstens haltmachten, wo Ihre Phantasie sich allzu kühne Ausschreitungen erlaubt.
Entschädigen Sie uns recht bald durch einen anderen, interessanten und weniger gewagten Bericht.

Ergebenst
Die Redaktion

Bernau, 29. November 1877

Wie einen Blitz aus heiterem Gewitter las ich Ihr ergebenes Schreiben. Ich sehe leider ein, daß Sie nicht anders können, als sich mit mir in den Erisäpfeln liegen. Wie Diogenes mit brennender Tonne Menschen suchte, so suchen Sie fortwährend neue Knoten in den Gordon zu schürzen. Jeder Ihrer Briefe ist eine wahre

Hiobsrohrpost. In der Hoffnung, die Hand Noahs mit dem Ölblatt zu sehen, brach ich den Gummi und mußte enttäuscht entdecken, daß Sie mir überall, wo Sie nur können, ein Bein in den Weg stellen.

Wohl weiß ich, daß der Mensch nicht wie ein Haar durch die Milch gezogen wird, und daß er häufiger, als ihm angenehm ist, fünf gerade herunterschlucken muß. Aber jeder modus *muß sein* rebus *haben! Nicht immer kann ich, wenn man mir den Schuh drückt, ruhig zurückweichen oder dastehen und — verzeihen Sie das harte Wort! — einen Maulaffen aufsperren. Es mag, ich gebe es ja zu, vernünftig sein, immer, wo man als Wurm getreten wird, eine Katze zu buckeln, einen Bücklingsdiener zu machen und so klein wie nur irgend möglich beizugeben, aber jedes Ding hat zwei Seiten, und nur Zerberus hatte drei, und wenn Sie mir gegenüber keine anderen Saiten einschlagen, so bäume ich meinen angeborenen Stolz und nehme Hektors Abschied.*

Ist es denn möglich? Ist es denn nicht eins der sieben Wunder der Welt, daß Sie mir meine strotzende Phantasie vorwerfen? Oder irren Sie mich? Mein Aufstand der Kommune in Kars wäre wie ein Lauffeuer in den deutschen Journalen nachgedruckt worden. Ich bin nicht eitel. Wenn der König von Salomo sagt: »Alles ist eitel!«, ich bin es gewiß nicht. Ich wuchere nicht mit einem einzigen Lot meines Pfundes, aber ich will auch den Scheffel nicht über mein Licht gestellt sehen. Die Niederwerfung der Vendômesäule in Kars, von einem Augenzeugen erzählt, hätte überall einen Schrei des Entzückens ausgestoßen, während Sie das Werk meiner Phantasie abweisen, als sei ein solches überhaupt so zahlreich wie Sommersprossen an der Jakobsleiter oder so billig wie Brombeeren am Meer. Phantasie ist ein Geschenk des Himmels, und ich bin glücklich, daß mir die Götter den mutlosen Anker dieser kühnen Seglerin in den Schoß geworfen haben. Sie belebt die toten Buchstaben, sie gibt den Flügeln Schwingen, sie durchgeistigt die

Prosa, als schriebe man in Achillesversen, und sie schützt vor dem Versinken in die pontinischen Alltäglichkeiten. Ob Sie mich verstehen? Ach, ich muß fürchten, daß das, was ich sage, über Ihren Zenit geht. Verzeihen Sie, wenn meine Worte überkochen! Aber ich bin gereizt, und wenn ich sehe, daß ich einen Laokoon an meinem Busen genährt habe, dann gleiche ich einer Löwin, der man das Nestküchlein raubt. Aber ich mußte sagen, was mir den Alp drückte, und wer die Suppe eingebrockt hat, der kratze sich.
Hier ein Sensationsereignis. Keiner meiner Kollegen wird mir dergleichen nachmachen. Habe ich Ihnen wieder zu viel Phantasie, oder kann ich morgen mindestens vierzig, höchstens dreißig Mark Vorschuß haben?

W. Bogot, 25. November 1877

Die Kämpfe, welche seit der Mitte des vorigen *Hujus* bei Plevna stattfanden, hatten mich hierhergelockt. Der Feldmarschall Osman v. Pascha verteidigte diese Festung mit einer die Katze in den Schatten stellenden Zähigkeit. Ein Ausfall gab dem andern die Hacken in die Hand, und keine Menschen wurden gescheut. Heute aber hat die List der Türken einen ungeheuren Erfolg zu verzeichnen. Lassen Sie sich erzählen.
Es mochte heute morgen kaum Frührot geschlagen haben, als die Russen mit ihrer ganzen Macht die Festung angriffen. Was mir sofort auffiel, war, daß die Türken während des Sturms ganz unzählig wenig schossen, als fehlten ihnen Munition und Geschosse. Es war schlechtes Wetter, man konnte seinen eigenen Nebel nicht vor Augen sehen. Das hielt aber den General Skobeleff nicht zurück. Er ließ unaufhaltsam zum Angriff bla-

sen, war der erste auf allen Sturmleitern und rief fortwährend: »Wir müssen Plevna haben, es koste *coute qui coute*!« Der Zar wohnte in seiner bekannten Loge dem Schauspiel bei, dem er durch seinen Opernkrimstecher mit Interesse folgte, und ließ dann und wann seinen Beifall eigenhändig laut werden.

Um Mittag war die Festung genommen. Um ein Uhr fand der Einzug statt. Da ereignete sich, was ich schon geahnt hatte. Die Türken hatten eben die Festung verlassen, alle Nahrungsmittel bis auf einige alte Uniformen mitnehmend, und als sie von den Russen die Festung in Besitz genommen sahen, schlossen sie sie ein und begannen alsbald die Belagerung, welche, wenn die Russen ihren mitgebrachten Zwieback und anderen Kaviar verzehrt haben werden, mit der Aushungerung Plevnas enden muß.

Als der Zar sah, was sich zutrug, warf er erschüttert seinen Hut um die Schulter und entfernte sich schleunig. Ich noch mehr.

Herrn Wippchen in Bernau

Auf die Gefahr hin, Sie abermals zu erzürnen, weisen wir Ihr Gesuch zurück, Ihnen umgehend die Mittel zur Disposition zu stellen, welche Sie nötig haben, um sich auf den deutsch-chinesischen Krieg vorzubereiten. Ihr Krieg-in-Sicht-Brief erschien uns fast als ein übel angebrachter Scherz. Weil einige Herren der hier eingetroffenen chinesischen Gesandtschaft von Straßenjungen belästigt worden sind, halten Sie den Ausbruch eines Krieges zwischen China und Deutschland für nahe bevorstehend, überzeugt, daß, wie sie sich ausdrücken, der auf das tiefste beleidigte Zopf nur mit Blut abgewaschen werden könne.

Wir bitten Sie freundschaftlichst, sich zu beruhigen und nicht weiter an einen deutsch-chinesischen Krieg zu denken. Der sogenannte Konflikt ist durch Aufstellung eines Schutzmannspostens vor der Wohnung der chinesischen Gesandtschaft beigelegt worden.
Denken Sie nüchtern über das, was Sie uns geschrieben, nach, und Sie werden flink zu Ihrer Aufgabe, uns Berichte vom orientalischen Kriegstheater zu senden, zurückkehren.

Ergebenst
Die Redaktion

Bernau, 13. Dezember 1877

Wie Marius auf den Trümmern von Jeremias, so saß ich da, als ich Ihren geschätzten Brief gelesen hatte. Mir war, als sollte ich mir eine Kugel durch mein letztes Stündchen jagen, denn was zuviel ist, das ist nichts. Ich glaubte mich mit Ihnen auf die Friedenspfeife gestellt zu haben, aber es war Essig, worin ich mich gewiegt, und meine schönsten Seifenblasen sind geknickt, ehe der Sturm sie entblätterte. Gestern noch hing ich voller Geigen, heute bin ich schon geborsten und kann stürzen über Nacht. Das empört mich, der ich keinem Wässerchen etwas am Zeuge flicke und kein Lämmchen trübe. Aber lassen Sie sich warnen: allzu scharf gespannt, macht schartig!
Sie schweigen? O, sagen Sie das nicht!
Sie schreiben mir, ich solle über meinen Brief nüchtern nachdenken. Das will also sagen, daß ich trinke, daß ich mich dem stillen Bacchus ergeben habe. Mich! Die Wahrheit ist, daß niemals ein Affe meine Lippen befeuchtet und mich niemals jemand als Falstaff gesehen hat. Seit ich meine Kinderjahre vertreten habe, kann kein Hals sagen, daß ich ihn der Flasche gebrochen, und habe ich mir selbst den Wiener Märzen-Gambrinus stets drei Seidel vom

Leibe gehalten. Leere ich einen, so bestelle ich mir noch einen Schnitt, aber schon nach dem zweiten Seidel tanzt alles mit mir auf einem Vulkan, meine Beine steigen mir zu Kopf, ich sehe eine Helena in jeder Hexenküche, ich stoße mit meinen besten Freunden auf Sie und Du an, ich breche in weithinschallende Tränen aus, ich zünde die Schwefelhölzer mit einer Zigarre an und gehe schließlich nicht zu Bett, ohne mir die Schlittschuhe angeschnallt zu haben und die Mausefalle unter mein Kopfkissen zu legen, anstatt umgekehrt. Freilich, Wasser trinke ich selten, Selter seltener, aber ich gehöre auch nicht zu jener Sekte, welche solche in Strömen schlemmt, ich habe mich dem Ölkrüglein der Witwe Cliquot stets ferngehalten. Mit einem Wort: ich bin ein Durstbold, und alle meine Handlungen zeugen von sinnloser Mäßigkeit.
Und ich soll zwischen Ihren Zeilen ein Trinker sein?
Sie haben mir weh getan. Dies genügt mir. Ich sage mit dem Dichter:

Es kann die Spur von meinen Erdentagen
Das Unvermeidliche mit Würde tragen.

Nun zurück zu meiner geliebten Aufgabe. Plevna ist gefallen. Ich weiß es aus der besten Quelle, es steht in dem hier erscheinenden Kreisblatt. Sie wissen, ich sauge mir nichts aus den Enten. Verzeihen Sie mir, wenn ich mit in die Gefangenschaft muß. Mir bleibt nichts übrig als das Teilen des Schicksals der tapferen türkischen Armee. Senden Sie mir zwanzig Taler, oder wenigstens sechzig Mark. Ich will nicht kleinlich sein.

W. Plevna, 10. Dezember 1877

Der beste Koch triumphiert, die hungrigen Sieger sind den satten Besiegten unterlegen, die Lebensmittel gingen über die Trümmer der stolzen Festung zur Neige. Das ist

die Nachricht, vor der alles, auch Ihr Korrespondent, in den Hintergrund tritt.
Ich begab mich gestern nach Mitternacht — es war anderthalb Uhr — zu Bett, um heute morgen um sieben Komma dreißig durch ein großes Getöse geweckt zu werden. Die gesamte Armee Osman Paschas griff die Zernierungslinie am linken Ufer des Wid an. Dies *aut* mußte geschehen, ein anderes *aut* war unmöglich. Es galt, das Paroli zu biegen oder es zu brechen. Denn gegen die letzte Semmel gibt es keinen Widerstand, und wenn das Brot den Weg alles Fleisches gegangen ist, so lautet die Losung: Sieg oder Tod! Die Not war groß. Die Besatzung hatte schon zum äußersten Pferd gegriffen, und selbst Katzen standen bereits mit einem Fuß in der Küche. Das *Dictu* war *horribel!* Osman Pascha, rasch entschlossen, gab den Befehl zum Ausfall. Nie wurde tapferer gekämpft, nie schlugen sich die Löwen wie die Türken, wie dies heute umgekehrt der Fall war. Aber das Marsglück lächelte uns nicht. Nach fünf Stunden ergab sich der tapfere Osman Pascha mit der gesamten Armee dem verhaßten, so oft geschlagenen Feind.
Keiner entkam. Ich befinde mich unter denselben. In einigen Stunden werde ich in Wasser und Brot sitzen. Bei diesem Gedanken stehen mir die knirschenden Zähne zu Berge. Ich werde noch von Fortuna sagen können, wenn ich nicht als Spion dem nächsten Baum ins Auge schauen muß oder, was noch schrecklicher wäre, in den Bergwerken Sibiriens zu ewigem Zobel verurteilt werde.
So strecke ich denn die Feder und sage Ihnen Lebewohl! Verzeihen Sie das harte Du! Aber es übermannt mich, mein Auge quillt, ich bin so jung. . .
Man klopft. . . »Pappenheim, ich kenne Dich!«. . .

Herrn Wippchen in Bernau

Auf unsere ergebene Anfrage, zu welcher Nummer wir wieder auf einen Bericht aus Ihrer geschätzten Feder rechnen könnten, antworteten Sie nur mit einer Sechserkarte, welche die Worte enthielt: »Es ist mir in der Gefangenschaft das Schreiben nicht gestattet.« Wir hatten Mühe, uns diese Antwort zu erklären. Zuvörderst glaubten wir, daß Sie wegen irgendeines Konflikts mit dem Bernauer Nachtwächter arretiert worden seien — an Schlimmeres wagten wir nicht zu denken —, und waren natürlich in großer Sorge um Sie. Dann aber fiel uns ein, daß Sie Ihren vorigen Bericht mit Ihrer Gefangennahme durch die Russen geschlossen hatten, und Sie können sich leicht denken, daß uns ein derartiger Grund zur Einstellung Ihrer Arbeit als ein sehr frivoler erschien. Es ist dies jedenfalls ein sehr verwirrender, übel angebrachter Scherz, und wir hoffen und wünschen, daß Sie denselben nicht zu weit ausdehnen.

Ihren Wunschzettel zum Weihnachtsfest haben wir mittlerweile erhalten. Da wir auf demselben aber unter anderem ein Paar goldene Sporen, eine Feldapotheke, eine Zither, die Marmorbüste Bellachinis, eine blühende Victoria regia, drei Roßschweife, einen Zitronenbaum und einen ausgestopften Gorilla verzeichnet fanden, so blieb uns nichts weiter übrig, als das Dokument beiseitezulegen.

Ihren Berichten entgegensehend, zeichnen wir

ergebenst
Die Redaktion

Bernau, 27. Dezember 1877

Was ich durch Ihren werten Brief gelitten, meine Zunge vermag es nicht zu fassen. Ich fragte mich, ob es nicht vernünftiger sei, des lieben Friedens willen mich von Ihnen zu trennen, und lange war ich unschlüssig wie zwei Gebündel Heu. Endlich wählte ich von zwei Übeln das dritte und zerriß den projektierten Scheidebrief in Scherben. Ich vergebe gern, dieser göttliche Prometheusfelsen in meiner Brust ist nicht leicht zu ersticken.

Nicht ohne Grund hatte ich gemeldet, daß ich gefangen worden sei. Ich sehnte mich nach Ruhe, nach einer etwa vierwöchentlichen Bärenhaut, und sagte mit dem Dichter: »Ich denke einen langen Wallenstein zu tun.« Kein Säulenheiliger, kann ich auch nicht dauernd mit einem Bein am Schreibtisch sitzen, und daher ergriff ich die Gelegenheit bei den Hörnern, einmal gründlich Dolce far niente *zu schnappen, um meine Nerven zu beruhigen. Und als nun Plevna gefallen war und der Zar sein* Tedeum ex machina *gebetet hatte, da schien mir auch für mich der Moment gekommen, die Hände ein wenig in den Sabbat zu legen.*

Sie wollen es nicht. Und wenn ich unter mir zusammenbreche und wenn mir die Poren von der Stirn rinnen, ich soll arbeiten. Wie die Waage der Gerechtigkeit sind Sie blind für meine Seufzer. Gut! Aber wenn ich eines Tages meinen Geist aushauche, dann, das weiß ich, wollen Sie es nicht gewesen sein.

Zuviel, fast genug. Was nun den Krieg betrifft, so erkläre ich denselben für beendet. Ich will damit nicht sagen, daß ich die Berichterstattung niederlege, denn es ist ja möglich, daß der nächste Telegraph wieder die erste Bombe bringt und der Horizont von neuem gärt. Aber das ändert nichts. Für mich ist der gegenwärtige Krieg vorbei. Ich sende Ihnen heute eine Art Idyll, wie es sich für die Zeit zwischen Weih- und Sylvester, sowie zwischen meinem Schluß und meinem Wiederbeginn des Krieges eignet. Und somit gratuliere ich Ihnen zum neuen Meer der Ewigkeit; möge im Jahr 1878 der Himmel seine Geigen über Sie ausschütten! Und wenn Sie mir Ihr »Gleichfalls!« zurufen, dann schließen Sie mir gefälligst dreißig Mark Vorschuß bei. Es ist wirklich nicht wegen des Geldes, aber es liest sich besser.

W. Simnitza, 20. Dezember 1877

Nur zehn Tage dauerte meine Haft. Dann spie mich der Jonas der Gefangenschaft wieder aus. Ich verließ aufatmend das Herz Rußlands und setzte fröhlich, der mir aufgebundenen Reiseroute folgend, meinen Fürbaß weiter. Auf der Tour hierher traf ich zwei russische Grenadiere, welche in der Türkei gefangen waren und nun ausgewechselt wurden. Da hörten sie gerüchtsweise, der Kaiser von Rußland sei gefangen, und da die klägliche Kunde nicht widerrufen wurde, so waren sie rasch entschlossen und weinten zusammen. Der eine sprach von dem Brennen seiner alten Wunde, wogegen der andere nicht mehr zu wissen schien, was er sagte, denn er behauptete, obschon natürlich niemand an Gesang gedacht hatte, das Lied sei aus, und er möchte wohl mit dem Kameraden sterben, wenn er, Redner, nicht Familienvater wäre. Dem ersten war dies indes gleichgültig. Ihm war der Zar lieber als Weib und Kind, die ihn, wenn ich richtig verstanden habe, sogar zu scheren pflegen. Sie sollten, so meinte er, betteln gehen, aber nur, wenn sie hungrig seien, was mir allerdings, da es dann doch zu spät ist, als eine lästige Einschränkung erschien. Hierauf fuhr er fort: »Die Gefangenschaft von Väterchen überlebe ich nicht, und wenn es soweit ist, dann nimm meine Leiche nach Rußland mit, begrab mich in Rußlands Erde. Aufs Herz lege mir eine türkische Nase, in die Hand gib mir eine Flasche Wutki und gürte mir ein Talglicht um. So will ich bis zum Ausbruch der nächsten orientalischen Frage liegen, um beim ersten Kanonen- und Pferdegebrüll, wenn Väterchen, dem die Soldatengräber ja ganz gleichgültig sind, auch über mein Grab reitet, parat zu sein und das Väterchen, das Zärchen zu schützen.« Was die beiden sonst noch miteinander gesprochen haben, das weiß ich nicht, da ich mich — es war eine tropische Kälte — entfernte. Das Gerücht von der Gefangenschaft des Kaisers hat sich, wie ich aus bestem Telephon versichern kann, nicht bestätigt.

Herrn Wippchen in Bernau
Zu unserem großen Bedauern und nach reiflicher Überlegung haben wir Ihren jüngsten Bericht wieder aus der Druckerei zurückgezogen. Sie wissen, daß wir stets bereit waren, der Geduld des Publikums, wie es ja auch von den meisten anderen Blättern erschöpfend geschieht, das Gewagteste auf dem Gebiet des sogenannten Originalberichts zuzumuten. Aber mit dem Abdruck Ihres jüngsten Kapitels würde auch das geduldigste Publikum entrüstet erklärt haben, daß wir zu weit gehen, und dies mußte um jeden Preis verhindert werden. Kaum hatten Sie nämlich gelesen, daß zwischen den Kriegführenden ein Waffenstillstand abgeschlossen sei, so schildern Sie den Bruch desselben seitens der Türken und eine daraus sich entwickelnde blutige Schlacht, die damit endet, daß, wie Sie sich ausdrücken, der Krieg der Fuselmänner gegen die Muselmänner mit einem Frieden abschließt, den der Sultan dem Zaren diktiert. Wir geben ja zu, daß Sie diesen Schluß mit vielen von Herzen wünschen, aber wir finden es, unter uns gesagt, kindisch, aus diesem Wunsch eine Tatsache zu gestalten und uns deren Veröffentlichung zuzumuten.
Ferner können wir auch die Art und Weise, wie Sie den Sultan dem Zaren den Frieden diktieren lassen, nur als einen kindischen Einfall bezeichnen. Sie setzen den Zaren an einen Tisch mitten auf dem Schlachtfeld, stellen den Sultan vor ihn und lassen diesen

ihm den Frieden diktieren, wie ein Lehrer seinen Schülern in der achten Klasse etwa eine Fabel diktiert. Dabei unterbricht sich der Sultan immer mit den Worten: »Haben Sie, Alexander?« oder: »Also weiter, Väterchen!« und dergleichen. Das, bester Herr Wippchen, geht nicht.

Wir sehen einem anderen Bericht entgegen und grüßen Sie

ergebenst

Die Redaktion

Bernau, 17. Januar 1878

Kindisch! Ich schwöre hundert Taler gegen dreihundert Mark, daß Ihnen dies Wort bald leid tut. Mir wenigstens. Kindisch! Soweit mein Auge reichte, blieb es nicht trocken, als es auf dieses Wort in Ihren geschätzten Zeilen stieß. Warum kindisch? Weil ich endlich den langersehnten Frieden herbeiführte? Auch Carlos sagt im zweiten Auftritt: »O, der Einfall war kindisch, aber« — setzt er hinzu — »göttlich schön!« Posa ist mein Ohrenzeuge. Kindisch mag mein Einfall gewesen sein, aber ich halte ihn für göttlich schön, denn er bezweckte den Frieden. Ich wollte dem furchtbaren Menschenvergießen ein Ende machen, wollte dem unersättlichen Leichenhügel Halt gebieten, wollte die unschuldigen Männer ihren Witwen erhalten, wollte, daß man nicht dauernd sage: Das Ausrotten mit Stumpf und Stiel c'est l'homme! *Ich konnte es nicht länger mit ansehen. War doch das Handgemenge oft derart, daß sich die Russen und die Türken über den eigenen Haufen schossen. Meine Wenigkeit und kindisch, weil sie den Frieden will! Kennen Sie den Krieg? Nein, Sie kennen ihn nicht. Sie stecken wie der Vogel Strauß Ihren Kopf hinter den warmen Ofen und schreien sich Ihren Stentor nach interessanten Berichten heiser, um Ihren Lesern ein beifälliges Entsetzen zu entlocken. Krieg! Krieg! rufen Sie vom frühen Alpha bis zum*

späten Omega, ohne auch nur zu ahnen, was es heißt, wenn an Sonn- und Feiertagen die Völker nichts Besseres wissen, als hinten, weit in der Türkei, sich die Köpfe zu spalten, während Sie höchstens als neuer Bürgermeister täglich dreister werden.
Es soll also nicht sein! Ich tröste mich mit dem Wort, daß Moses und Propheten nichts in ihrem Vaterland gelten, und schlage mir den gespannten Fuß aus dem Kopf. Was kann auch aus einem Wortwechsel entstehen? Nichts als eine kreißende Maus. Parturiunt montes et nos mutamur in illis. *Sie wollen Krieg? Sie sollen ihn in seiner ganzen Nacktheit haben, sollen sehen, daß ich nicht eigensinnig bin, am allerwenigsten in Geldsachen, und wenn Sie mir mehr als dreißig Mark Vorschuß senden wollen, so soll es wahrlich nicht an mir liegen.*

W. Schwarzes Meer, 13. Januar 1878

Neptun erglänzte weit hinaus, die Sonne war heute aus dem Schwarzen Meerschaum glühend emporgestiegen. Ich war bereits wach. Das Wasser rauschte und schwoll, ich saß auf dem Deck und sah nach der Angel voll Ruhe, obwohl es mehr als frisch, ja, kühl bis ans Herz hinein war. Der kleine Zeiger des Thermometers wies auf neunzehn Grad. Ich liebe die Scholle, aber nicht, an sie gebunden zu sein, und schon fing ich an, mich von dem dreimastigen Monitor wieder zurück auf das Feld der Ehre zu sehnen, als der Kapitän erschien, den Befehl erteilte, Feodosia zu bombardieren, und sofort zu Pferde stieg. Wie froh war ich! Ich sprang wie eine Knospe nach langem Winter auf. Das Meer war unruhig geworden, die Nixen gingen hoch, die Najaden schlugen über Bord. Da fiel der erste Schuß. Die russischen Batterien in Feodosia antworteten. Eine Kugel riß unserem Kapitän den Federbusch vom Fez, aber voll Humor rief er sächsisch: »Eiherrmahomed!« und setzte sich einen anderen Pickelfez auf. Schon nach zehn Minuten fragte er mich: »Hören Sie's wimmern hoch vom Turm?« »Nein, Herr Kapitän«, antwortete ich, die Augen spitzend. »Das ist Sturm!« sagte er. »Sehen Sie nur, welch Getümmel, Straßen auf! Dampf wallt auf! Balken krachen, Pfosten stürzen, Fenster klirren!« Ich überzeugte mich selbst, indem ich meinen Krimstecher auf die Stadt warf. Und da sah ich nun auch, wie ein Mensch auf der leergebrannten Stätte einen Blick nach dem Grabe seiner Habe zurücksendete und die Häupter seiner Lieben zählte, während er fröhlich zum Wanderstab griff. Traurig blickte ich den Kapitän an, der, selbst tief erschüttert, zu mir sagte: »Ja, ja, wohltätig ist des Feuers Macht, wenn sie der Mensch bezähmt, bewacht, aber wehe, wenn sie losgelassen. Jedoch ich mußte!« Dann gab er Befehl, das Bombardement einzustellen, und fügte hinzu: »Holder Friede, süße Eintracht, weilet freundlich über dieser Stadt!« Feodosia liegt in Sack und Asche. Unser Verlust ist dagegen nur gering. Freilich, freilich, die Bomben, die wir in die Stadt schossen, sind für immer verloren. — Morgen bombardieren wir Anapa, wohin wir heute noch in den Neptun stechen.

Herrn Wippchen in Bernau

Wir finden es begreiflich, daß Sie sich, wie Sie uns schreiben, nicht an den Gedanken gewöhnen mögen — wir zitieren Ihre Worte —, ohne Sang und Tanz vom Tapet zu verschwinden. Aber welchen »Sang und Tanz« wählen Sie? Sie melden den Lesern Ihre standrechtliche Erschießung!

Zuvörderst halten wir den Krieg mit dem Abschluß des Waffenstillstandes und somit auch Ihre Tätigkeit noch nicht für beendet. Es können Ereignisse eintreten, welche alle Ihre Kräfte in Anspruch nehmen.

Aber auch aus anderen Gründen haben wir Ihren gewaltsamen Tod in den Papierkorb geworfen. Sie scheinen zu vergessen, daß Sie damit gewissermaßen aus der Reihe der Lebenden scheiden und sich für alle Zukunft journalistisch unmöglich machen würden. Wir haben aber, wenn der Krieg wirklich beendet sein wird, eine andere Mission für Sie, die Ihnen sehr zusagen dürfte, und Sie würden uns daher mit Ihrem Tod einen empfindlichen Strich durch die Rechnung machen.

Und wie beschreiben Sie Ihr Ende, lieber Herr Wippchen! Abgesehen davon, daß Sie selbst den blutigen Akt schildern, worin mancher Leser, so oberflächlich heute immerhin gelesen werden mag, einen kolossalen Widerspruch entdecken würde, so verflechten Sie augenscheinlich den letzten Akt von Goethes »Egmont« mit den Schlußstrophen des Mosenschen »Andreas Hofer« zu einem Ganzen, um ein möglichst dramatisches Ende zu nehmen. Sie schreiben: »Ich hatte schön geträumt. Mein Clärchen — ich will den Familiennamen nicht nennen — hatte mir durch eine Öffnung in der Kerkermauer einen eigens für mich angefertigten Lorbeerkranz zu Füßen geschenkt, und dann weckten mich die ersten Strahlen der Trommel. Ein gewisser Silva trat ein und las mir das russische Todesurteil vor, nach welchem ich wegen Verbreitung türkischer Siegesnachrichten sofort vom Leben zur Bastei geführt werden und dort mein letzes Stündlein erleiden sollte. ›Süßes Leben!‹ rief ich aus. ›Schöne, freundliche Gewohnheit des Daseins und Wirkens, von dir soll ich scheiden!‹ Aber das half nichts, ich predigte vergeblichen Ohren. Wir brachen auf. Mantua war noch straßenleer. Dem Tambour wollte der Wirbel nicht unterm Schlegel vor, als ich durch das finstere Tor schritt. Alles war tief gerührt. Auf der Bastei sollte ich in die Knie fallen und mir dieselben verbinden lassen, aber ich sprach: ›Das tu ich nit!‹, und dabei blieb es. Dann kommandierte ich: ›Feuer!‹, erklärte noch zum großen Ärger der Russen, daß schlecht geschossen worden sei, sagte dem Land Tirol ade und — alles war vorbei! Friede meinem Requiescat!«

Wir sind nun überzeugt, daß Sie selbst diese Ihre Darstellung nach nochmaligem Durchlesen als für die Publikation unmöglich erachten werden, bitten Sie um einen anderen, möglichst sensationellen Bericht und grüßen Sie

ergebenst
Die Redaktion

Bernau, 31. Januar 1878

Ich habe es gefürchtet! Meine letzte Fata Morgana, als Opfer meines Berufes zu sterben, haben Sie mir aus dem Stall gezogen, und ich bin gezwungen, der Schillerschen »Güter Höchstes nicht« weiter zu ertragen. Schon eilte ich im Geist wie die Löwenbraut von Korinth den alten Göttern zu, da rauben Sie mir meuchlings den Tod, da werfen Sie mir die Nirwana, auf die ich mich so endlos gefreut hatte, brutal vor der Nase zu. Sie scheinen also zu glauben, daß ich mich ins Blaue hinein erschießen ließ, daß ich mutwillig, wie das bekannte Lämmchen, in den Klee des Todes sprang, während ich doch den Genius mit der Fackel nach reiflicher Überlegung umgedreht hatte. Ach, ich hörte mit so viel Freude meine letzte Ölung schlagen! Denn ich sehnte mich nach Erlösung. Die Muße, welche mir von einem Bericht zum andern bleibt, ist ein Tropfen auf einen hohlen Zahn. Meine Nerven schreien wie der Hirsch nach Ruhe. Ich habe das ewige Morden müde. Da machte ich, rasch entschlossen, den Prozeß einen Kopf kürzer. Nun wissen Sie alles.

Zwei Tage, nachdem ich meine Erschießung abgeschickt hatte, packte ich meine geringen Hab- und Gutseligkeiten zusammen, schüttelte meiner Wirtin, die mich während des ganzen Feldzuges wie einen Augapfel bedient hatte, die Stirn und warf noch einen wehmutsfeuchten Blick auf meinen Tisch, an welchem der Geier (hole er sich!) meiner Prometheusleber so manche Prüfung auferlegt hatte. Der Dienstmann stampfte schon mit meinem Gepäck das Straßenpflaster, da kam Ihr geschätzer Brief und — da sitze ich wieder einsam und verlassen auf der Ariadne und klage mit dem Dichter:

> *Ach, mit des Geschickes Mächten*
> *Ist kein ew'ger Bund zu flechten und weben*
> *Himmlische Rosen ins irdische Leben!*

Ich füge mich, doch ersuche ich Sie, ehe Sie's vergessen, um dreißig Mark Vorschuß. Lieben Sie runde Summen, so senden Sie vierzig. So kommen wir uns auf halbem Wege entgegen.

W. Konstantinopel, den 28. Januar 1878

Wie ich Ihnen schon durch Wolffs Telegraphenbüro meldete, hat Rußland, kühn gemacht durch das ewige Bugsprietgerassel Englands, seine Forderungen erhöht. Der Zar hat eben die Absicht, die Türkei völlig zu ruinieren, und die Türken sind schon so entmutigt, daß sie, um nicht zu Kreuz zu sagen, zu Halbmond kriechen, nur um die Russen von der Hauptstadt fernzuhalten. Da aber Rußland den Einzug um jeden Preis ermöglichen will, hat es, wie mir soeben mitgeteilt wird, in seinem Übermut von der Türkei nun auch noch die Abtretung Dänemarks verlangt. Darauf konnte natürlich der Sultan nicht eingehen, und so ist denn der Einzug der Russen stündlich zu erwarten.

Der Zustand in der Hauptstadt ist badersträubend, und ich spotte daher jeder Beschreibung. Wer Konstantinopel früher gekannt hat, sieht sich heute nicht mehr ähnlich. Jeder Einwohner scheint ein Matthäi zu sein und geht ratlos an sich vorüber. Flüchtlinge aus allen Teilen des Reichs kommen wie ein Mann, der die Stadt überflutet. Rauch ist in der kleinsten Hütte. Auch viele Tscherkessen sind gekommen, geborene Mein- und Deindiebe, und der Polizist hat sich daher rasch vermehren müssen. Selbst der Koran wird nicht mehr geachtet, indem in allen Basaren der Bacchus in Strömen fließt und die Harems zu Hyänen werden. Es sind Szenen zu erwarten, wie sie die sieben Makart in ihren Todsünden nicht darzustellen vermochten!

Ich höre Musik. Ich kenne sie, es ist russische, es ist das Pfeifen auf dem letzten türkischen Loch. Die russische Armee zieht ein ... Ich vermag vor Erregung nicht weiterzuschreiben ... Die Marke, mit der ich diesen Brief frankiere, erstirbt mir auf den Lippen ...

Der Kaffernkrieg

Herrn Wippchen in Bernau

Gegen Ihren Entschluß, den englisch-afghanischen Krieg nunmehr, wie Sie sich auszudrücken belieben, links wüten zu lassen, haben wir nichts einzuwenden. Die Ereignisse schienen uns in letzer Zeit allerdings einen schleppenden Gang angenommen zu haben, und wir sahen es Ihren Berichten an, daß Sie sich vergeblich Mühe gaben, ihnen eine neue und interessante Seite abzugewinnen. Aber wir möchten deshalb Ihre Beiträge nicht ganz entbehren und bitten Sie, auf einen Ersatz zu denken. Wir können gerade in diesem Augenblick Ihre Mitarbeiterschaft nicht missen, da wir den Lesern nichts zu bieten vermögen, was sie so fesselt wie Kriegsberichte. Der Kulturkampf auf der einen und die Zollreform auf der andern Seite sind so ziemlich alles, womit wir die Spalten füllen müßten, und diese Stoffe haben die Leser derart ermüdet, daß sie kaum noch deren Beachtung finden.

Und nun gar die Menschen- und Rinderpest — schon die Worte schrecken den Leserkreis zurück.

Wir glauben vertrauensvoll Ihre nächste Zuschrift und mit derselben die Eröffnung einer neuen Reihe fesselnder Berichte erwarten zu dürfen.

Ergebenst
Die Redaktion

Bernau, den 30. Januar 1879

Als ich meinen jüngsten Brief dem Stephan übergeben hatte, war mir wohl. Ich glich dem Brief, ich war frei, mir war ein Stein statt Brot vom Herzen gefallen. Nun wollte ich mich des Winters freuen, den Schnee genießen, die Eisrosen am Fenster pflegen. Nun aber, nach Ankunft Ihres Schreibens, komme ich mir vor wie Cincinnatus, der, behaglich auf seinem Pflug ausgestreckt, plötzlich aufgefordert wird, das Procul negotiis *an den Nagel zu hängen und die Zügel des Staatsschiffs wieder zu ergreifen.*

Vorher nur noch eine Bitte. Es ist so traurig, wenn das Ei klüger sein will als der Kolumbus, oder deutlicher: wenn Sie jedes Wort, das ich schreibe, klauben, wenn Sie mir nach jedem Bericht eine Gardine predigen, wenn Sie, sobald meine Phantasie über das Gewöhnliche hinausstrebt, mir förmlich einen Schuhriegel vorschieben!

Lassen Sie mich jetzt frei von der Leber sprechen, die Sie ja auch so gern essen. Jedes Ihrer tadelnden Worte ist mir ein Dorn im Ohr, denn es vernichtet mir irgendeinen Vogel, den ich abgeschossen, irgendein Schwarzes, in das ich getroffen zu haben glaube. Ich muß es natürlich dulden, aber ich habe in solchen Momenten keinen Zahn, den ich nicht fletsche, keine Geduld, die mir nicht reißt, denn Briefe, wie Sie sie mir schreiben, kann ich nicht hinter den Schwabenspiegel stecken. Sie brauchen mir für meine Arbeit wahrlich nicht den Hof zu schneiden, und ich werde Sie nicht für jede Beleidigung vor die Mündung meines Degens fordern, um sie mit ganz besonderem Saft abzuwaschen, aber meine Feder braucht Gerechtigkeit, Anerkennung und Aufmunterung, denn sie ist keine eitle Pfaufeder, und es müssen schlechte Brüder sein, unter denen sie nicht so viel wert wäre wie jede andere.

Ich beweise Ihnen dies heute. Sie wollen für den afghanischen Krieg einen anderen, hier ist er. Sie brauchen nur zu sagen:

»Deus ex machina, *deck dich!«, und Ihr Wunsch ist erfüllt. Ich eröffne den Kaffernkrieg.*
Es ist dies ein geldspieliges Unternehmen. Senden Sie mir mit wendendem Briefträger einen Vorschuß von sechzig Mark oder, um die Summe rund zu machen, von siebzig Mark. Der Kurs des Sterlingdors ist 20,32.

W. Capetown, Datum des Poststempels 1879

Gestern bin ich am Kap der anderen Umstände oder, wie es sich dezenter nennt, der Guten Hoffnung angekommen. Die Reise war lang und höchst beschwerlich. Aus allen Blättern der Windrose blies der Äquinoktial-Boreas, so daß ich, furchtbar seeunwohl, die Kajüte hüten mußte. Ich möchte die Reise nicht täglich machen.
Hier bin ich in einer anderen Welt. Von der Wüste her weht der heiße Samum, so daß man fortwährend einen nassen Schwamm in der Tasche tragen muß. Trotzdem bin ich heute ausgegangen, um Neues zu hören. Ich erfuhr, daß der König der Zulus, Cetewayo, das Ultimatum der englischen Regierung abgelehnt hat und mit den Engländern die Kriegspfeife rauchen will. So ist denn abermals ein Frieden herunterbeschworen. Man ist hier natürlich in großer Aufregung. Die Europäer hoffen auf einen vollständigen Sieg, während die Neger nicht so weiß sehen, sondern die Niederlage der Engländer erwarten.
Indem ich dem geehrten Leser für meinen folgenden Bericht ein arges Gemetzel mit aller Bestimmtheit verspreche, will ich für heute nur einige Details über Land und Leute geben, da über diese in meiner Heimat viele Enten verbreitet sind.

Der Zulu ist im ganzen gutmütig. Nennt man ihn Kaffer, so fühlt er sich dadurch nicht verletzt. In Europa hält man die Zulukaffern, weil man sie nur gegen ein Entree (Kinder die Hälfte) auftreten sieht, irrtümlich für Gastspieler, was aber die wenigsten sind. Das Gros der Eingeborenen steht mit deutschen Theateragenten in durchaus keiner Verbindung.

Ihre Sprache ist unverständlich. Sie wohnen in Hütten, welche, wie das berühmte Lied von Schiller, aus Lehm gebaut sind und statt der Fenster kleine Luken haben.

Die Nahrung der Zulus ist sehr einfach. Sind sie hungrig, so stampfen sie Mais. Auch die Heuschrecke gilt als Delikatesse.

Die Männer treiben Polygamie, die Weiber Gartenbau.

Soviel über das Zulukaffernland, das nun bald von den Hufen der Engländer zerstampft werden wird. Möge die Kriegsfurie eine kurze sein!

Herrn Wippchen in Bernau

Getreu Ihrem im ersten Kaffernkriegsbericht gegebenen Versprechen, den geehrten Lesern ein arges Gemetzel zu liefern, haben Sie uns ein solches allerdings gesandt. Dasselbe schildert aber einen Sieg der Engländer über die Kaffern und war deshalb nicht zu veröffentlichen. Sie werden mittlerweile in irgendeiner Zeitung von der furchtbaren Niederlage der Engländer am Tugela-Strom gelesen und uns darin recht gegeben haben, daß wir, rasch entschlossen, Ihren Bericht nicht zum Abdruck brachten.

Angenommen aber, der Sieg der Engländer hätte sich zufällig bestätigt, so war es doch unvorsichtig von Ihnen, die Gefangennahme des Kaffernkönigs Cetewayo genau nach der Napoleons III. zu schildern, so zwar, daß dies sofort jeder Leser gemerkt und uns ausgelacht haben würde. Es fehlte nur noch, daß Sie Cetewayo nach Wilhelmshöhe bringen ließen, und der südafrikanische Sedantag war fertig. Wir bitten Sie, es sich doch nicht gar zu bequem zu machen.

In Erwartung eines wenigstens halbwegs glaubhaften Berichtes grüßen wir Sie

ergebenst
Die Redaktion

Bernau, den 20. Februar 1879

Im Besitz Ihrer geschätzten Entrüstung über meinen jüngsten Bericht bin ich weit davon entfernt, über das Pater peccavi, *welches Sie erwarten, Stillschweigen zu beobachten. Im Gegenteil bitte ich Sie: lassen Sie fünf krumm sein! Ich will gern zugeben, daß ich den Vogel ins Blaue abgeschossen habe, und ich sehe ein, daß mir, als ich die Kaffern vernichtete, das Pech lächelte. Ich hätte mir den Kopf, bevor ich mit ihm durch die Wand ging, erst reiflich überlegen und bedenken sollen, daß das Glück der Schlachten darin dem Wetter gleicht, daß es wendisch ist. Wer aber konnte ahnen, was geschehen?*

Ich lasse einen Bericht folgen, der Ihnen gefallen wird. Er ist voll Sensation. Er erklärt, wieso es ganz natürlich ist, daß die Kaffern den Längeren gezogen und die Hitze des englischen Sporns gekühlt haben. Aus meinen Enthüllungen geht hervor, daß es wieder die Preußen waren, welche siegten. Mag danach kommen, was da wolle!

Noch eins. Oder besser: noch vier, ich meine Vorschuß-Sterlinge. Senden Sie sie mir, bitte, zum Kurs von 20,38.

W. Natal, Mitte Januar 1879

Als mich das Hiobstelegramm von der Niederlage der Engländer erreichte, eilte ich wie ein Spornstreich hierher, in das Hauptquartier des Königs Cetewayo. Einige Regimenter schossen noch Victoria, andere schleuderten solche mit den Lanzen. Der Jubel war unbeschreiblich. Die Soldaten warfen den Otterfellstreifen, der ihre Mütze bildet, in die Luft und trugen weder Schuhe noch Uniformen, wie an Sonntagen. Die Freude darüber, daß sie den für unbesiegbar gehaltenen Feind über und überrumpelt, ihn geschlagen und sogar um eine Fahne kürzer gemacht hatten, brach überall betäubend hervor. Cetewayo selbst, ein Tyrann, wie er in mehr als in einem Buche steht, warf seine Götzen vor sich in den Staub und dankte ihnen in der herablassendsten Weise, ferner ließ er alle Gefängnisse öffnen und die Gefangenen hinrichten, fütterte seine Löwen mit Sklavenkindern, kurz, beging den glorreichen Sieg in jeder ihm eigentümlichen Weise. Ich fragte mich: woher mag es gekommen sein, daß diese Wilden, welche Seume unerklärlicherweise beßre Menschen nannte, über die zivilisierten Söhne Englands den Sieg davontrugen?

Hier die Antwort. Bei meiner Ankunft überraschte es mich, daß so viele deutsche Zungen an mein Ohr schlugen. Es waren Preußen. Schon vor Jahren haben die Zulus viele preußische Feldwebel kommen lassen, welche nicht nur die Kaffern, sondern auch die Hotten und die Totten militärisch schulten. Diesen verdankt das Land die allgemeine Wehrpflicht, jeder Zulu ist von zartester Pike an preußischer Soldat.

Heute sah ich ein Regiment Landwehrzulus exerzieren und hörte Redensarten, wie: »I Jötze bewahre!«, »Donnerwetter, Kaffer, ick bemerke ja da eine Hautabschürfung uf Ihre Uniform!«, »Sie haben heute Ihre Tonsur schlecht jeputzt!«, »Nee, Aujust, wie sitzen man bloß wieder Ihre Straußenfedern!« usw. Bekannt ist, daß die Kaffern mit dem Geschrei »Druf!« stürmten — Beweis genug, daß die Engländer eigentlich von den Preußen besiegt worden sind.

Herrn Wippchen in Bernau
Es hat sich Ihrer augenscheinlich eine große Unruhe bemächtigt, was wir daraus schließen, daß Sie uns mit Postkarten förmlich überschütten, durch welche Sie anfragen, ob wir denn keine Berichte über den Krieg der Westmächte mit »Khedivien« — so nennen Sie Ägypten — aus ihrer Feder haben wollen. Nachdem Sie in Ihrem letzen Bericht vom Kap die Zulus vernichtet haben, scheinen Sie den Kaffernkrieg in Wirklichkeit für beendet zu halten und sich nach einem andern Krieg umzusehen. Dabei verfallen Sie denn auf die zwar originelle, aber doch sehr barocke Idee, Frankreich und England in einen Krieg mit Ägypten zu verwikkeln, während im Gegenteil alles geschieht, um diesen Krieg zu verhindern. Sie scheinen keine Zeitungen zu lesen. Wir schicken Ihnen daher etliche mit der Bitte, sich zu informieren, und legen Ihren Bericht, den Sie uns über eine bei den Obelisken stattgehabte blutige Schlacht senden, mit dem Bedauern in den Papierkorb, für derartige Ausschreitungen Ihrer Phantasie keinen Raum zu haben.
Beiläufig wollen wir bemerken, daß Sie sich von den Obelisken eine ganz falsche Vorstellung machen. Sie beschreiben dieselben genau nach dem Modell, welches auf dem Potsdamer Platz in

Berlin aufgestellt war: von Holz und mit Wasser- und Gasleitung versehen. Unglaublich!
Vernachlässigen Sie den Kaffernkrieg nicht und seien Sie gegrüßt!

Ergebenst
Die Redaktion

Bernau, den 24. April 1879

Ich rede mir wahrscheinlich nicht ein, daß meine Wiege wie die Homers in sieben Städten gestanden hat, das will sagen, daß ich nicht glaube, mit jedem Bericht einen unsterblichen Gesang zu dichten, aber ich weiß, daß meine Berichte weder so Lari, noch so Fari sind, daß Sie mir deshalb die Leviten zu schreiben brauchen. Man soll mich nicht unverdient herauf-, aber auch nicht mutwillig herunterreißen. Ich bitte Sie daher vor allem, nicht zu glauben, daß ich Sie oder Ihre werten Leser hinters Licht foppen wollte, als ich den Krieg zwischen den Westmächten und Ägypten entbrannte. Das Schwert hängt doch nur an einem Damokleshaar. Die Westmächte können es nicht ruhig mit ansehen, daß der Khedive sein ihnen gegebenes Wort vom Zaun gebrochen hat. Sie haben ihn auf frischem Flagranti *ertappt und werden ihm wohl jetzt höchstens zwei Schritte vom Leibe bleiben. Dazu kommt, daß der Khedive, bei seinem Volk unbeliebt, nicht wie Graf Eberhard sein Haupt jedem Untertan an den Rockschoß hängen kann. Anstatt den Schweiß des Bürgers mehrmals in der Hand umzudrehen, bevor er ihn ausgibt, verschwendet er, ohne das* Respice *zu bedenken, Hunderttausende für Frauen- und Mädchenzimmer und umgibt sich mit Schmeichelleckern und anderen Tage- und Nachtdieben, welche ihm wie einer Zitrone das Fell über die Ohren ziehen. Können die Westmächte das ruhig mit ansehen? Diese Frage muß ich beneinen. Und so beeilte ich mich denn, mei-*

nen Kollegen zuvorzukommen und Ihnen die erste Schlacht zu liefern.

Was also ist mein Verbrechen? Nichts als Gewissenhaftigkeit.

Ich sende Ihnen nach Wunsch einen Bericht vom Kap. Da nichts passiert, so sog ich mir etwas aus der Phantasie. Sie kennen ja das Sprichwort: Wenn die Not am Höchsten, frißt der Teufel Fliegen am Nächsten.

Um den Brief nicht noch einmal wieder öffnen zu müssen, bitte ich Sie, bevor ich ihn zulecke, um einen Vorschuß von 30, schreibe sechzig, Mark. Der Kurs ist leider 20,43.

W. Englisches Hauptquartier, 2. April 1879

Wenn Europa bis heute sich umsonst die Gedanken darüber zerbrach, wie es denn möglich sei, daß eine Riesenmacht wie die englische nicht sofort das kleine Zuluvölkchen mit Stumpf und Kegel vernichtete, vielmehr es erlebt habe, daß sie aus dem Glücksrad des Waffenspiels den Kürzeren zog und von Cetewayos Haufen über diesen gerannt wurde, so bin ich heute in der angenehmen Lage, das Dunkel aufzuhellen. Uns Korrespondenten — ich muß im *Pluralis laesae majestatis* sprechen — war dies bis heute auf das strengste untersagt.

Es galt vor allen Dingen, die Kaffern sicher zu machen, sie über die wahren Tatzen des britischen Leuen zu täuschen und aus ihren Vor- und Hinterhalten herauszulokken. Es war eine Marslist, wie sie erlaubt, ja geboten ist, und der Feind ließ sich die Leimrute aufbinden. Immer kecker drang er hervor, und nun kann er, und zwar seit gestern, nicht mehr entkommen. Um dieses Ziel zu erreichen, waren fünfundzwanzig Schlappen nötig.

Heute nun wurde im Lager das Fest der fünfundzwanzigsten Schlappe mit allem Pomp gefeiert. Phöbus hatte noch nicht gekräht, als sämtliche Tambours den Zapfen ertönen ließen. Ich sprang auf die Beine, ließ mir rasch einige Eier in die Pfanne hauen, frühstückte und eilte aufs Feld, wo sich Lord Chelmsford bereits als Mittelpunkt formiert hatte und den Truppen, welche einen Kreis um ihn bildeten, die Bedeutung des Tages auseinandersetzte. Fast jedes Wort der kriegerischen Rede wurde von lauten Hochs unterbrochen. Dann wurde einzelnen Offizieren, welche die Mißerfolge herbeizuführen geholfen hatten, das Hosenband verliehen, und ein Picknick schloß die einfache, aber simple Feier.

Herrn Wippchen in Bernau
Ihre Klage über zu große Hitze hat, aufrichtig gestanden, eine bedenkliche Nebenbedeutung. Denn gleichzeitig — wir trauten unseren Augen nicht! — senden Sie uns eine Beschreibung der Feier der goldenen Hochzeit des Deutschen Kaisers am Kap, in einem Brief, der das Datum des 12. Juni 1879 trägt!
Wir sind im Zweifel darüber, ob Sie damit einen brauchbaren Artikel liefern oder uns zum besten haben wollten. Sie müssen uns aber erlauben, daß wir das letztere, falls es wirklich beabsichtigt gewesen sein sollte, mit aller Entschiedenheit zurückweisen.
Es wird uns schwer, Ihren Bericht in anderer Weise zu erklären. Derselbe enthält zu viel auf der Hand liegende Unmöglichkeiten und Ungeheuerlichkeiten, deren kleinste noch die ist, daß Sie uns zumuten, am Tage nach dem angeblich am Kap gefeierten Fest den von Ihnen allerdings als gedrahtet gefeierten Bericht über dasselbe hier zu veröffentlichen. Das heißt denn doch, den Lesern allzu übermütig den Unfug enthüllen, der in der Presse mit der

Wahrheit und der Wahrscheinlichkeit speziell auf dem Gebiet der Berichterstattung getrieben wird.
Es ist überhaupt bedauerlich, daß Sie so gern von Ihrer Aufgabe abschweifen. Wir bitten Sie, derselben im Gegenteil Ihre ganze und ungeteilte Aufmerksamkeit zu schenken, und grüßen Sie

ergebenst
Die Redaktion

Bernau, 19. Juni 1879

Dank der Ruhe, welche ich gewissermaßen mit der Mutterflasche eingesogen habe, dank auch dem Gefühl, daß es langweilig ist, Eulen nach Athen zu dreschen, schweige ich über Ihren werten Brief, der wohl geeignet war, mir einen Ausruf des Harnisches zu entlocken, und dies denn auch redlich getan hat. Wenn ich aber schilderte, wie tief Sie mich verkennen, so bliebe kein Krokodil tränenleer.
Im ersten Augenblick hatte ich eine Stunde lang die Absicht, meiner Stellung ein Ende zu machen. Ich lief in meinem Zimmer von Pontius zu Pilatus, ohne zu einem Entschluß zu kommen. Zum Glück wird, wie es im Volksmund heißt, nichts so heiß gesponnen, als es gekocht wird, und so beruhigte ich mich denn allmählich, mich mit dem ewig wahren Wort des Dichtes tröstend:

»Das ist das Los des Schönen auf der Erden,
Daß es fortzeugend Böses muß gebären.«

Aber etwas mehr sollten Sie doch davon überzeugt sein, daß ich von meiner Aufgabe mindestens ebensoviel wie Sie verstehe. Mancher Kriegsberichterstatter, der seine Kreditbriefe nicht verzehren kann und für jede Schlachtlinie mehr bekommt als ich für ein ganzes Gemetzel — er reicht mir dennoch nicht das Wasser bis zur Taille. Das klingt selbstbewußt, und mir ist Eigenlob ganz gewiß kein Nasenschmaus, aber ich habe auch nicht Lust, mein Licht fortwährend unter das Veilchen gestellt zu sehen. Ich will nicht in den Himmel gehoben sein, aber auch nicht aus demselben, ich will weder über- noch unterschwenglich gelobt sein. Dies ist mein letztes Dixi *in dieser Sache. Können Sie meinen Stiefel nicht vertragen, so bedenken Sie, daß wir nicht wie die toten siamesischen Zwillinge miteinander leben, sondern daß jeder dem andern den Rücken vor seiner Tür kehren kann.*

Weshalb, um schließlich auf Ihren Tadel speziell einzugehen, am Kap nicht die goldene Hochzeit des Kaiserpaares gefeiert worden sein soll, das ist mir unbegreiflich. Am 11. dieses Monats war der Kaiser für die ganze Welt ein halbes Säkulum lang verheiratet. Oder glauben Sie etwa, daß, weil vor fünfzig Jahren die Nachricht von dem stattgehabten Traualtar etliche Monate brauchte, um nach dem Kap zu kommen, der am Kap wohnende Deutsche erst etliche Monate später die Hochzeit seines Kaisers für eine echt goldene und bis dahin nur für eine dreiundzwanzigkarätige hält? Wenn Sie dies wirklich glaubten, so fände ich keine Worte.

Glauben Sie aber, woran ich nicht zweifle, daß der elfte auch für das Kap der goldene Hochzeitstag war, so ist es unbegreiflich, daß Sie am folgenden Tag nicht den Festbericht bringen wollten. Die Hauptsache für einen Bericht ist keine Hexerei: die Geschwindigkeit. Ein Korrespondent, der nicht geschwindsüchtig ist, kann sich mit aller Druckschwärze, die er verbraucht, nicht von dem Vorwurf reinwaschen, nur ein halber Mensch zu sein, wogegen ich meinen Stolz darin suche, als Fisch und Fleisch geschätzt zu werden. Doch, ich will Sie nicht überzeugen, meine Verteidigung soll nichts als ein Asphalt auf die Wunde sein. Zur Erinnerung an die goldene Hochzeit aber bitte ich Sie um $2\frac{1}{2}$ Doppel-Kronen = dreißig Mark. Seit dem letzten Mal habe ich keinen Vorschuß von Ihnen erhalten.

W. Natal, den 24. Juni 1879

Gestern abend — der Mondgott lenkte eben seinen silbernen Wagen in die Arena des Horizontes — ist Sir Garnet Wolseley in der Kapstadt eingetroffen und an das Herz der daselbst befindlichen höheren Offiziere gedrückt worden. Heute kam er hier an, um die Friedensunterhandlungen zu leiten. Er ritt ein prächtiges Trakehner Kamel, trug den Inexpressiblesbandorden und machte den Eindruck eines Lebemannes, der nicht aussieht, als ducke er Mäuser.

Er empfing uns, umtuscht von der Regimentsmusik, mit einem militärischen Gruß, in den ich begeistert einstimmte.

Es war Nachmittag. Eben schlug es von meiner Taschenuhr drei, als der gefürchtete Cetewayo aus dem hohen Gras, das ihn bis dahin unseren Blicken entzogen hatte, hervortrat. Derselbe trug die große Uniform, und zwar über dem Arm, so daß dieser völlig bedeckt, der übrige Körper aber nackt war. Er hatte ein Paar Ohrringe erster Klasse angelegt. Es war ein interessanter Moment. Er begrüßte den englischen Heerführer und dieser ihn mit einer stummen Verbeugung, da jeder nur seiner eigenen Mutterzunge mächtig ist. Dann präsentierte Cetewayo seinen *Assegai*, die schreckliche Lanze, welche in diesem Krieg eine so traurige Rolle spielt. Dies war das Signal zum Beginn der Unterhandlung, welche, wie gesagt, in der Zeichensprache geführt wurde und daher vielen unverständlich blieb. Ich verstand, daß Sir Wolseley die Unterwerfung des Landes forderte, worauf Cetewayo, die dunklen Augen in Falten legend, den Kopf schüttelte, als wollte er sagen: »Bitte, gehen Sie voran, ich bin hier zu Hause.« Der englische General stampfte unwillig das Straßenpflaster und wandte sich zu seiner Umgebung mit den Worten: »Und wenn wir, wie Jakob um Rahel, sieben magere Kühe lang um dies elende Land kämpfen sollen, ja, wenn uns die Kaffern vertreiben, wir wanken und weichen nicht!«

Bei diesen Worten erschütterte eine tiefe Rührung, welche sich des Generalstabs bemächtigte, die Luft.

Die Unterredung war zu Ende. Cetewayo, der, soweit dies einem Nackten möglich ist, sich sehr zugeknöpft gezeigt hatte, machte ein fast elegantes Kehrt und schlug sich seitwärts in die Büsche.

Ich höre eben, daß die Engländer hoffen, dennoch Cetewayo zu zwingen, ihnen nach ihrer nächsten Niederlage den Frieden zu diktieren.

Herrn Wippchen in Bernau

In einem Augenblick, wo der Kaffernkrieg als beendet betrachtet wird und in der Tat wohl auch sein Ende erreicht hat, senden Sie uns die Schilderung einer Schlacht, welche Sie allerdings als derart vernichtend darstellen, daß, da Sie auch nicht einen einzigen Zulu übriglassen, der Krieg aufhören muß. Indes ist dieser Bericht aus diesem Grund um so weniger zum Abdruck zu bringen. Dazu kommt noch, daß Sie nicht nur Cetewayo von den Engländern gefangen nehmen, sondern ihn auch alsbald einen Selbstmord begehen lassen, worauf Sie eine absolut unmögliche Szene schildern: die Besteigung des erledigten Throns durch zweiundzwanzig Söhne des Verewigten.

Ihre gestrige Postkarte, durch welche Sie uns den Beginn eines Krieges zwischen Deutschland und Rußland ankündigen und sich bereit erklären, die Berichterstattung sofort zu übernehmen, übergehen wir mit Stillschweigen.

Senden Sie uns einen Schlußartikel vom Zulukrieg und seien Sie gegrüßt!

Ergebenst
Die Redaktion

Bernau, 14. August 1879

Dachte ich's doch! Als ich meinen jüngsten Bericht in den neulichen Briefkasten steckte, sagte ich mir gleich, daß ich meine Feder einmal wieder in den Kaviar fürs Volk getaucht hatte, und so erwartete ich denn einen Brief von Ihnen, der wie die Faust auf den Argus paßte. Es fällt mir nicht im entferntesten Sirius ein, mich darüber zu beklagen. Große Seelen, sagt Posa, sind tief, und still ertrage ich bereits das Unbillste und habe längst die Hoffnung aufgegeben, jemals bei Ihnen in Gnade zu fallen oder mich in etwas anderem als in Ihrer Ungunst zu sonnen.

Sie wollen keine Gerechtigkeit, und ich tue Ihnen den Willen: Cetewayo wird sich also nicht ins Fäustchen weinen. Einliegend der Friedensschluß. Damit existiert das Kapland nicht mehr für mich.

Nun will ich, so strenge dieser Sommer auch sein mag, in ein Bad, in den kühlen Wogen holder Nixen die Kraft wiedergewinnen, die ich in schwerer Arbeit eingebüßt. Schon höre ich die Tritonen in die Muschel stoßen, schon sehe ich mich im Schoß schäumender Nymphen auf dem Rücken dahinschwimmen. Im Geist grüße ich das salzige Thalatta, stürze ich in die Therme, überlasse ich mein Haar dem Spiel der Windhose. Leider ist das Meer ein so teures Pflaster, als wäre es Asphalt. Bitte, senden Sie mir einen wohlgezielten Vorschuß von hundert Mark oder mehr, wenn Sie meinen, daß diese Summe nicht mit mir auskommen kann.

ZW. Englisches Hauptquartier, 1. August 1879
Frieden! Es wird die Königin Victoria geschossen. Vor etwa zwei Stunden erschien Cetewayo in der ersten Etage des Wolseleyschen Zelts, um die Friedenspfeife zu unterzeichnen. Es war ein feierlicher Moment. Der englische Oberbefehlshaber trug die große Uniform, der schwarze König war festtäglich entkleidet.
Die Bedingungen sind für die Kaffern ziemlich harte. Dieselben verpflichten sich, niemals wieder die Engländer zu schlagen und auch nicht nochmals irgendeine französische Dynastie auszurotten. Ferner haben sie den Engländern zu gestatten, unbelästigt das Kap zu verlassen. Die Kontribution muß in klingenden Ochsen bezahlt werden, Kupfer- oder gar Papier-Rinder werden nicht angenommen. Auch verzichten die Zulus auf jede Einmischung in die Deckung der Anleihen, welche England für den Krieg gemacht hat.
Heute nachmittag wird die englische Armee Gott danken, daß sie davonkommt.
Morgen verlasse ich dies harte Eiland.

Der französisch-tunesische Krieg

Herrn Wippchen in Bernau
Wir haben Ihnen bereits mitgeteilt, wie erfreut wir waren, als Sie uns eine Reihe von Berichten aus Tunis ankündigten. Dann aber machten Sie uns durch Ihr rätselhaftes Verzögern ungeduldig oder spannten uns durch allerlei Zuschriften förmlich auf die Folter. Durch einen Brief verlangten Sie eine Spezialkarte von Tunis, obschon selbst der französische Generalstab keine solche besitzt. Wozu nun Sie eine derartige Karte haben wollen, ist uns unerklärlich. In einem zweiten Brief bestellen Sie sich ein Abdelkader-Kostüm, in einem dritten gar einen Kamelsattel. Wir sind Ihnen die Antwort schuldig geblieben, weil unsere Redaktionsgeschäfte uns wirklich zu solchen überflüssigen Unterhaltungen keine Zeit übriglassen, und behalfen uns mit bearbeiteten Auszügen aus größeren Journalen. Soll dies auch ferner geschehen, so bitten wir Sie, uns kurz zu sagen, daß Sie nicht Lust haben, uns mit tunesischen Berichten zu versorgen.

Ergebenst
Die Redaktion

Bernau, den 26. April 1881
Sie sind außer sich, aber ich werde Sie rasch wieder in das Häuschen bringen, oder besser: Sie werden aufs neue in die Haut fahren, nachdem ich Ihnen alles erklärt haben werde. In meiner Einsamkeit ist es mir ein Trost, an hohen Festen mich in meine

Jugend zurückzuträumen, indem ich dieselben feiere, wie ich es als Kind getan. Weihnachten überrasche ich mich mit einem Tannenbaum, am Fluchttage Mohammeds mache ich eine Spritz-Hedschra in die Umgegend, und zu Ostern verstecke ich Eier und suche sie dann, bis ich sie gefunden habe. So auch diesmal. Aber denken Sie sich meinen panischen Ärger, als ich mich nicht erinnern konnte, wohin ich das letzte Ei gelegt hatte. Ich suchte wie eine Stecknadel, aber wie ich auch brütete, das Ei war nicht zu finden. So vergingen die Tage. Gewiß, Sie halten dies für haus- und hofbacken und rufen mir zu: »Sonderbarer Posa!«, aber mein Gemüt bewahrte sich nun einmal seine Naivität, ohne welche mein Leben leer und meine ganze Tätigkeit ein Travailler pour une omelette *wäre.*

Bald freilich fing Tunis an, mir auf den Nägeln zu brennen, und ich erinnerte mich, daß ich Ihnen versprochen hatte, die Kriegsfurie zu entfachen.

Zum zweiten Mal soll ich Ihnen aus Afrika, dem Erdteil, welcher bekanntlich so dunkel ist, daß man die Hand vor Augen nicht sieht, meine Berichte senden. Die Konkurrenz ist diesmal größer. So lese ich, daß der Lyoner »Républicain du Rhône« *anzeigt, sein Korrespondent habe einen Kadi zum Freund, der ihn mit Nachrichten unterstützen wolle. Verbreiten Sie also die Nachricht, daß ich mit drei Kadis befreundet sei. Einer ist mir zu wenig, aller guten Kadis sind drei. Aber seien Sie überzeugt, auch ohne Kadis werde ich wieder der Hecht im Sauerteig sein.*

Schließlich nehme ich an, daß Sie vielleicht tunesische Piaster und Karuben liegen haben, die Sie in Berlin nicht ausgeben können. Um Ihnen nun gefällig zu sein, bin ich bereit, sie anzunehmen. Ein tunesischer Piaster hat sechzehn Karuben und ist vierundfünfzig Pfennig wert.

Senden Sie mir nur dreist für fünfzig Mark und notieren Sie sie mir als Vorschuß.

W. Tunis, den 21. Joumada-el-Oula 1298
(22. April 1881)

Die Sanduhr der nahen Wüste schlug zehn Uhr, als ich gestern abend von einem Besuch an der Grenze nach einem förmlichen Löwenritt hier wieder eintraf. Mein feuriges Dromedar ließ sich um keinen Preis zu einer langsamen Gangart anspornen, da es von den Moskitos arg belästigt wurde und sich nach dem Stall zurücksehnte. Auch war am Wüstensaum wenig Speise und Trank zu finden: es hatte lange kein Manna geregnet, und vergeblich schlug ich an einen Felsen, es kam kein Wasser heraus. Die Palmen rauschen eben nicht ungestraft über den Häuptern einsamer Reiter.

Ich habe mich nun überzeugt, daß die Tribus mit dem Bey unter einer Decke Ernst machen, von »spielen« kann nicht die Rede sein. In einem Kauder, welches nicht welscher zu denken ist, sagte mir ein *Khrumir* (sprich: Khrumir), die Tunesen seien bis an die Haare auf den Zähnen bewaffnet, mit ihnen sei schlecht Datteln essen, die Franzosen würden bald die Engel im Himmel läuten hören und nicht wissen, wo. Als ich dann etwas erwidern wollte, sagte er in der bilderreichen Sprache der Orientalen zu mir: »Sie sind ein Schaf!« Ich brach das Gespräch ab. Den fanatischen Tunesen guten Rat geben, heißt wirklich Kaviar vor die Säue werfen.

Das Ereignis des Tages ist die Einnahme der Insel Tabarka durch die Franzosen. Von hier aus hatten nämlich die Tunesen auf französische Fahrzeuge geschossen, was ausdrücklich verboten war. Kaum hatten die Franzosen den Rücken gekehrt, als die Tunesen auch wie die Mäuse

waren, die, wenn die Katze nicht zu Hause ist, auf dem Vulkan tanzen. Sie schossen haarscharf. Diesen *Casus* betrachteten die Franzosen als *belli,* und nicht gewillt, gute Miene zum bösen Bey-spiel zu machen, erschienen sie heute morgen mit einer Schwadron Kanonenböte an der Küste. Ich stand in einer nicht zu weiten Entfernung, so daß ich mit bewaffnetem Fernrohr alles gut erkennen konnte. Da die Franzosen einen Grund haben müssen, die Insel zu annektieren, so griffen sie die Bey-Soldaten, welche sofort die Friedenspfeife hißten, tapfer an, konnten sie aber nicht hindern, die Waffen ins Korn zu strekken und sich in wildes Fersengeld aufzulösen. Nachdem dieses Bild des tiefsten Friedens zwei Stunden lang gewütet hatte, nahmen die Franzosen unter dem Schwenken der Marseillaise von der Insel Besitz.
Ich schließe, das Kamel geht ab.

Herrn Wippchen in Bernau
Wir sagen Ihnen für Ihren jüngsten Bericht unseren besten Dank, senden Ihnen denselben aber hiermit zurück, weil wir meinen, daß Sie ihn später, wenn auch in einem anderen Krieg, mit den nötig werdenden Änderungen vortrefflich werden verwenden können. Uns ist, aufrichtig gesagt, die geschilderte viertägige Schlacht zu blutig. Wer soll an eine solche in dem gegenwärtigen Krieg glauben? Sie haben Ihren Bericht augenscheinlich in sehr verdrießlicher Stimmung abgefaßt, sonst wäre es ganz unbegreiflich, daß Sie ein so furchtbares Blutbad unter den Franzosen und Khrumirs anrichten und zum Beispiel von den letzteren mehr töten, als überhaupt in Tunesien existieren. Ein wahres Waterloo, das Sie mit der Gefangennahme des Bey und dessen Abführung nach St. Helena beenden! Das geht am allerwenigsten in

diesem Krieg, der ja eigentlich gar keiner ist. Auch begehen Sie die Unvorsichtigkeit, Abdelkader an die Spitze der Khrumirs zu stellen, obgleich der Genannte bekanntlich mit Frankreich liiert zu sein scheint.

Wir erwarten nunmehr einen andern, etwas glaubwürdigeren Bericht und grüßen Sie

ergebenst
Die Redaktion

Bernau, den 17. Mai 1881

Ich will nicht wie Shylock eigensinnig auf meinem Pfund Fleisch stehen, sondern Ihnen recht geben. Nachdem ich meine Schlacht noch einmal durchflog, finde ich sie selbst zu blutig, und ich werde sie daher liegen lassen, bis mir ein anderer Krieg ein Tapet bietet, auf das ich sie mit den nötigen Änderungen bringen kann. Freilich wird sich wegen dieser Unterschlagung das contrecœur *unserer werten Leser im Leibe umdrehen, denn ihnen ist nichts schrecklicher als ein Mars, der, wie der gegenwärtige, ein Vegetarianer, nicht Fisch, nicht Fleisch ißt. Ich kenne das Publikum, das ich wohl auch etwas verwöhnt habe. Wenn es morgens beim ersten Frühstück den noch feuchten Krieg entfaltet, so sollen dessen Würfel weithin den Himmel röten, so soll ein Handgemenge dem andern auf dem Fuß folgen und die Pfanne, in welche die Regimenter gehauen werden, in Strömen fließen. Das Publikum ist nun einmal so und nicht anders, es verlangt, daß ihm in einem Krieg von den Zeitungen Schlachten geliefert werden, und verliert die Geduld, wenn Mars, wie dies in Tunesien der Fall ist, gleich dem Esel in der Fabel zwischen Scylla und Charybdis hin und her pendelnd, zwar erklärt ist, aber nicht ausbricht. Seit die Franzosen in Tunesien sind, haben sie noch keinen einzigen Khrumir gesehen.*

Da riß mir der rote Faden der Geduld, der sich durch alle meine Handlungen zieht, und ich schrieb eine jener Schlachten, wie sie, seit Berthold Schwarz erfunden worden ist, wohl selten geschlagen worden sein mag, und zwar, weil dies Mode, eine viertägige, eine Tetralogie, auf welche mich die Bey-Reiter, die ich völlig aufrieb, brachten. Damit wäre denn mein jüngster Bericht erklärt, für den ich Ihnen einliegend einen anderen schicke.
Der Mai ist bis zur Mitte gekommen, und alle Bäume schlagen aus. Daß auch ich auf einen grünen Zweig komme, bitte ich Sie um einen Vorschuß von fünf Grévydors *zum Kurs von 81,10.*

W. Tunis, den 13. Mai 1881, abends

Nach einem ermüdenden Ritt und hungrig — ich hatte den ganzen Tag nur eine Kokosnuß getrunken und etwas Kamelspeise (das tunesische Nationalgericht) genossen — kam ich gestern morgen nach einer wahren Götterdämmerung vor Tunis in Manoubia an. Mit mir die von General Bréard geführte französische Armee. Unterwegs hatte die Armee, ohne ein Schwert zu streichen, einen Berg erstürmt und auf demselben den alten Khrumir, welcher dort als Wächter einer berühmten Moschee vorgefunden wurde, aufs Haupt geschlagen. Der Greis wurde umzingelt, worauf General Vicendo Besitz von ihm nahm und eine Ansprache an die Truppen hielt, in der er den Einsiedler den *Mont Valérien* der Tunesen nannte, der für unbezwinglich gehalten worden sei. Aber der Tapferkeit der französischen Truppen habe er doch nicht zu widerstehen vermocht.
Heute nun fand der Einzug in Tunis statt. Am Tor wurde dem General Bréard ein Strauß von prachtvollen Federn

überreicht, welche Huldigung der Feldherr mit dem Wunsch erwiderte, es möchte der Frieden, welcher seit der Kriegserklärung nicht getrübt worden sei, auch ferner ungestört bleiben.

Hier sahen die Franzosen zum ersten Mal einige Khrumirs und begrüßten dieselben auf das herzlichste. Alsdann begab sich der General zum Bey. Der Bey war vollzählig erschienen. Der General las ihm sofort einen Vertrag vor, den der Bey nicht verstand, und dieser antwortete mit einem Protest, den der General nicht verstand.

Damit war die Annexion Tunesiens vollzogen.

Die Stadt ist ruhig. Kein Freudengeschrei stört die tiefe Stille. Heute abend findet im Hauptquartier ein Festessen statt, zu welchem der General Bréard sämtliche Kanonen hat laden lassen.

Der Bey zog sich verstimmt in den Harem zurück, wo er mit seinen zwanzig besseren Hälften allein speiste.

Der orientalische Frieden

Herrn Wippchen in Bernau
Aller Augen sind augenblicklich auf den Orient gerichtet. Hier bietet sich Ihnen ein ergiebiges Feld, ein Feld, auf dem Sie vor achteinhalb Jahren Ihre Tätigkeit begonnen haben. Lassen Sie uns von dorther bald von sich hören.

Ergebenst
Die Redaktion

Bernau, den 22. Oktober 1885
Sie scheinen zu glauben, daß die Eier des Kolumbus dutzendweise auf der Straße liegen, man brauche sie nur aufzuheben. Dies ist aber durchaus nicht der Fall, und wenn ich in meinem jüngsten Bericht die Entscheidung des Papstes in Sachen der brennenden Karolinen bei den eigens zu diesem Zweck erfundenen Haaren herbeiführte, so können Sie daraus ersehen, daß ich in dieser Woche an Stoffen so arm war, daß keine Kirchenmaus Lust gehabt hätte, in meiner Haut zu stecken. Das ist im Leben eines Korrespondenten nun einmal nicht anders. Gestern flogen ihm die gebratenen sieben fetten Kühe in den Mund, heute gehen sie ihm aus der Nase, und morgen hat er nur noch mageres Rindvieh im Auge. Er muß also zugreifen, und wenn sich ihm das kleinste Rhodus *bietet, sofort mit seinem* Salta *bei der Hand sein. Wenn der Muse Klio viel passiert, wenn ihre Tafel sich unter der Last der Ereignisse beugt, dann braucht sich der Korrespondent keine*

grauen Haare wachsen zu lassen; die Kunst besteht darin, daß er in stillen Zeiten, wenn weit und breit kein Wölkchen die herrschende Ruhe unterbricht, einen Stoff für einen interessanten Bericht wie einen Lupus ex machina *hervorzaubert. Als Nero auf einem Turm deklamierte und dies gräßliche Schauspiel mit dem brennenden Rom beleuchtete, da war es wahrlich leicht, mehrere Spalten damit zu füllen; ich glaube aber, daß ein richtiger Korrespondent auch in ruhigen Zeiten stets mit einem sensationellen Bericht aufwarten muß.*
Heute sammle ich wieder einmal feurige Kastanien auf Ihrem Haupte und sende Ihnen darüberstehend das, was Sie wünschen. Wie Sie sehen, denke ich nicht daran, den orientalischen Krieg von neuem heraufzubeschreiben, hoffe vielmehr, daß Mars ein Einsehen haben und nicht ausbrechen wird. Also vor achteinhalb Jahren war es, als ich für Sie den orientalischen Krieg begann! Wie der Lauf der Zeit verschwindet! Ich möchte in meinem Album eine Erinnerung an diese Jahre errichten und bitte Sie daher um einen Vorschuß von neun neuen Fünfmarkscheinen, welche genau eine Seite füllen würden.

W. Konstantinopel, den 20. Oktober 1885

So bin ich denn wieder in der Hauptstadt der unterschlagenen Beine, der betäubenden Nargilehs und der krummen Säbel. Gestern ankommend, stieg ich diesmal im »Kranken-Mann-Hof« ab, da ich die übrigen Hotels, Gasthöfe, Absteigequartiere, Garnis und Ausspänne von Botschaftern in Beschlag genommen vorfand. Dieselben sind sämtlich auf einen sich hinziehenden Aufenthalt gefaßt. Keiner nimmt an, daß sich der vorhandene gordische Knoten so bald in einen gebildeten Salonmenschen

verwandeln wird. Die orientalische Frage — das ist ja gar keine mehr — hat sich verwickelter gestaltet, und ich möchte sie ein Verwickelkind der europäischen Diplomatie nennen. Wenn die Türkei jetzt noch ihre Nase vor der Lunte, die ihr Europa bereiten will, verschließt, so ist die Arme allerdings verloren. Ich möchte das Verhältnis der europäischen Staaten zum türkischen Reich mit dem der Theaterdirektoren zu dem Bühnendichter vergleichen: jeder will ein Stück von ihm haben. Werden die Türken diesem Ansturm wieder und immer widerstehen? Das ist die eigentliche orientalische Frage.
Die Botschafter versammeln sich täglich. Sechs Sitzungen sind damit ausgefüllt worden, daß sie festzustellen suchten, ob sie eine Konferenz, eine Réunion, ein Kränzchen, einen Kongreß, eine Besprechung, ein Stelldichein oder nur einen einfachen Stammtisch bilden sollten. Endlich entschieden sie sich für eine Réunion.

Aus diesen Sitzungen sind einige Anekdoten zu melden. Der deutsche Botschafter wollte eben neben dem Spanier Platz nehmen, als dieser anfing, von den Karolinen zu sprechen. »Nun«, sagte der Deutsche, »beruhigen Sie sich, wir werden uns auseinandersetzen.« Sprach's und setzte sich an die andere Seite des Hufeisens.

Es hatte sich eine Gruppe aus den Botschaftern Serbiens, Griechenlands, Rumäniens und Bulgariens gebildet, es fehlte weder Tutti noch Quanti. Sie pourparlerten sehr eifrig, als der türkische Botschafter an sie herantrat und sagte: »Meine Herren, was Sie auch von der Türkei haben wollen, ich bitte um Gerechtigkeit.« Und die Herren antworteten wie aus einer Lippe: »Selbstverständlich, jedem *Suum* Ihr *Cuique*!« Der Türke zog seinen Roßschweif ein und entfernte sich nachdenklich.

Herrn Wippchen in Bernau
Wir würdigen die Schwierigkeiten, wie Sie sie uns schildern. Indem die Konferenz in Konstantinopel nicht von der Stelle rückt, sind Ihnen die Hände gebunden und können Sie mit dem besten Willen nichts machen. Trotzdem bitten wir Sie, uns einen Bericht zu senden, er sei, wie er sei. Der Leser will eine Fortsetzung. Zu einer solchen empfehlen wir Ihnen die Mitteilung weiterer Anekdoten, wie Sie deren zwei in Ihrem ersten Bericht erzählt haben.
Im voraus Dank.

Ergebenst
Die Redaktion

Bernau, den 5. November 1885
Sie sehen es also ein, und das freut mich baß. Die Geschichte steht still, ein Vertreter der Großmächte legt dem andern die Hände in den Schoß, oder besser: die Krisis kommt über die ante portas *nicht hinaus, und ich möchte die Balkan- eine Hannibalkanfrage nennen. Der einst so lustig murmelnde Sumpf stagniert. Ich komme mir dieser Tatsache gegenüber mit der Feder in der Hand wie der sprichwörtliche Kaiser vor, der da herrscht, wo nichts ist. Ich sehe mich nach Stoff um, aber es ist, so weit das Wasser reicht, kein Strohhalm zu entdecken. Daß die orientalische Krisis einen Haderlaß nötig hat, das ist gar keine Frage, aber die Großmächte haben doch nicht den Mut oder auch nicht den Willen, eine orientalische* Tabula rasa *herzustellen. Nach der Sachlage zu urteilen, sind die Großmächte nicht mit dreitausend Pferden in*

den Augiasstall zu bringen, um in demselben eimal gründlich aufzuräumen. Es fehlt eben an dem nötigen Herkules, der hartherzig genug ist und der Hydra trotz ihrer flehentlichen Bitten etwas abschlägt und mit ihren hundert Köpfen durch die Wand geht.

Darf ich schließlich Ihnen und Ihrem Expeditionschef eine Anekdote unter sechs Augen erzählen? So hören Sie. Es mochte wohl heute morgen gewesen sein, als meine Wirtin im tiefsten Nachtgewand bei mir eintrat, mir die Rechnung brachte und mich um die Miete *bat, die ich ihr schuldig geblieben sei. Da aber mein Portemonnaie nur Porte war, so sagte ich, indem ich einen Achselzukker in meinen Kaffee warf, sie habe die Rechnung ohne den Wirt gemacht. »Natürlich«, sagte die Frau, »ich bin ja Witwe.« Wir lachten, und ich beschloß, Sie um einen Vorschuß von sechzig Mark zu bitten, damit ich den Witz morgen nicht wiederholen müßte. Denn ich hasse die Wiederholungen.*

Nun zu unserem Thema.

W. Konstantinopel, den 4. November 1885

Obschon ich in meinem ersten Bericht hoffte, der kranke Mann werde in Fluß kommen, so sehe ich den Leser doch getäuscht. Ich bemerke wohl den Fleck, aber nicht, daß die Geschichte von demselben kommt. Auch heute ist noch alles beim Alten, und dieser wird, wie ich fürchte, immer älter. Wenn die Großmächte der orientalischen Frage das Garaus geschworen haben, so denken sie doch nicht daran, die zwei Finger, mit denen sie den Eid leisteten, an das Schwert zu legen.

Diese Pause will ich bis zum Rande damit ausfüllen, daß ich noch eine Konferenzanekdote erzähle.

Der Schweizer Botschafter, ein Mann in den besten Witwerjahren, wohnte bei einem Großwesir a. D. und verliebte sich in dessen Tochter Scheherezade, die ihm reizend aus der Luft gegriffene Märchen erzählte und ihn dadurch gefangennahm. Der Großwesir segnete den Bund, und gestern wurde das Paar in der Moschee getraut. Als aber der junge Ehemann mit seiner Gattin in das Hotel kam, in welchem er mehrere Zimmer gemietet hatte, um in Ruhe seine Honigtage zu verleben, fand er daselbst nicht weniger als zehn Schwiegermütter vor, welche erklärten, bei ihm bleiben und ihm die Wirtschaft führen zu wollen. Scheherezade erklärte gleichfalls, sich nicht von den Gattinnen ihres Vaters trennen zu wollen, und erzählte ihrem Gatten ein Märchen, in welchem jemand, der seine Gattin von ihren Müttern getrennt hatte, zur Strafe in ein Kamel mit drei Roßschweifen verwandelt wurde. Dem armen Botschafter war es, als hörte er alle Huris in Mohammeds Paradiese pfeifen, aber was sollte er machen?
Heute sah ich ihn mit seinen elf Frauen am Goldenen Horn spazierengehen.
Dies zur Warnung.

Herrn Wippchen in Bernau
Ihre uns durch eine Korrespondenzkarte zugehende Mitteilung, daß Sie die Konferenz in Konstantinopel fallen lassen und sich einem anderen politischen Ereignis zuwenden wollen, hat uns wenig angenehm berührt. Wir bitten Sie daher, nicht eigensinnig zu sein und den Gegenstand nicht zu verlassen. Wenigstens nicht so bald, wie Sie dies beabsichtigen. Wir wüßten auch nicht, wohin Sie sich augenblicklich wenden wollten, da nichts anderes

vorliegt, was Sie nach unserer Meinung zur Berichterstattung reizen könnte.
In Erwartung also eines dritten Berichts aus Konstantinopel grüßen wir Sie

ergebenst
Die Redaktion

Bernau, den 19. November 1885
Sie scheinen gestern aus dem linken Bett zuerst aufgestanden zu sein. Denn außersicher habe ich Sie noch nicht gesehen als durch meine Postkarte. Allerdings wollte ich nach Mandalay, um mich gleich nach dem Ausbruch des Krieges zwischen England und Birma auf Befehl Sr. Majestät des Massenmörders Thibo in eine Blutlache verwandeln zu lassen. Natürlich hätte ich Ihnen, nachdem ich meinen letzten Atemzug gesegnet, im Namen eines meiner Kollegen geschrieben, welcher Ihren Lesern klein wie ein Haar meinen Untergang geschildert haben würde. Ein interessanter Bericht! Man hätte mir ein bedauerndes Kopfschütteln nachgeweint, weil ich in der Blüte meiner grauen Haare ins Jenseits beißen gemußt. Aber nach kaum acht Tagen wäre ich plötzlich wieder aufgetaucht, um meinen Nekrolog in Abrede zu stellen. Abermals ein interessanter Bericht, den Ihr Leserkreis mit solcher Rührung begrüßt hätte, daß man weit und breit ein tränenleeres Auge wie eine Stecknadel gesucht haben würde. Dieses desiderium *schein Ihnen denn doch zu* pium *gewesen zu sein, denn wider Erwarten haben Sie es mir nicht gewährt. Meine Achseln können nichts tun, als mitleidig zucken.*
Dem sei nun, wie Sie wollen, aber aus Konstantinopel und der Konferenz schreibe ich Ihnen kein Sterbensberichtchen mehr. Dort passiert nichts. Die Botschafter stehen da wie die Herkulesse zwischen zwei Scheidewegen oder besser: wie die Zündhölzchen zwi-

schen Tür und Angel. Aus diesem Grunde habe ich beschlossen, Konstantinopel nicht länger rechts liegen zu lassen, sondern mich anderen politischen Ereignissen zuzukehren.
Aber welchen?
Hierüber will ich nach und nachdenken, hoffend, irgendwo eine ausgegangene Friedenspfeife, einen gefallenen Würfel zu entdekken, um mich sofort darüber herzumachen. Bis dahin will ich dem Leser keine Ente in die Augen streuen, vielmehr mein Pulver, um es nicht nutzlos zu verschießen, in die Sparflinte tun. Geduld also. — Meine Adresse lautet:

Einliegend vierzig Mark!
Herrn Wippchen
in Bernau

Nachscriptum. *Eben höre ich, daß Serbien Bulgarien den roten Hahn aufs Dach erklärt hat. Ich schreibe Ihnen also noch flink aus Sofia oder Nisch.*

W. Sofia, den 18. November 1883

Wie eine Lauffama durchflog den Balkan die Nachricht, daß der König Milan das kecke Bulgarien und den Fürsten Alexander mit dem Fehdehandschuh überziehen wolle. Der erste Eindruck war ein schrecklicher. Denn man weiß nur zu gut, daß, zumal im Orient, mit jedem schwarzen Punkt am Horizont eine Lawine aus dem Boden aufsteigen kann, welche dann ganz Europa in Flammen setzt.
Der Grund der Kriegserklärung ist bekannt. Die serbischen Truppen hatten keinen Kriegsfuß auf bulgarischen Boden gesetzt, und nun verfügte die bulgarische Regierung, die serbischen Soldaten sollten als Räuber behan-

delt werden. Alsbald spottete die Aufregung in Nisch jeder Beschreibung, da die Serben sich sagten, daß bei den Bulgaren überhaupt nichts zu stehlen sei, die Serben also wie ehrliche Leute behandelt werden müßten.
Den Fürsten Alexander traf, wie man mir erzählt, die Kriegserklärung, als er gerade mit seinen Ministern *Va banque* spielte, ein Spiel, das im Orient sehr viel hazardiert wird und bei dem die Spieler häufig keinen Kopf und keinen Kragen in der Tasche behalten. Der Fürst sei, so wird weiter erzählt, aufgesprungen und habe ausgerufen: »Wenn ich nicht Alexander wäre, so möchte ich wohl Diogenes sein!« Gefragt, was er damit sagen wolle, antwortete er: »Dann würde ich den König Milan mit der Laterne suchen und ihn an dieselbe hängen!« Die Minister verbeugten sich starr, sie sahen ein, daß der Mars zwischen Bulgarien und Serbien ins Rollen kam. Und so siegesgewiß ist der Fürst, daß er ausrief: »Auf nach Nisch!« Man warf ein, daß der Zar ihm dies verbieten könnte. Da lachte er: »Wo Nisch ist, hat der Kaiser sein Recht verloren!«
Die Sofiaten sind nicht zu halten, und schon in den nächsten Tagen kann der Balkan in hellsten Flammen stehen. Wer wird verhindern, daß die Asche den ganzen Osten ergreift?
Hoffen wir es.

Der russisch-japanische Krieg

W. Tokio, den 2. Dezember 1903

Trotz ihrer Weiblichkeit ist die Mandschurei der Zankapfel der Neuzeit. Wer mir dies vor zehn Jahren gesagt haben würde, den hätte ich ausgelächelt, daß er mir das Mitleid angesehen hätte. Wer bekümmerte sich um die Mandschurei? Du etwa, lieber Leser? Deine Wangen wären dir eher eingefallen als dies. Du magst es mir glauben. Kaum wußte man in Europa, wo die Mandschurei liegt, und man hatte die Empfindung, sie wisse es selber nicht. Die Mandschuren waren uns ein völlig fremdes Volk. Während viele Völker bei uns öffentlich auftraten, um sich uns gegen Entree zu zeigen, blieben uns die Mandschuren völlig fern, obschon sie doch gewiß gern Geld verdienten. Wir kannten, wenn nichts weiter, von den Chinesen den Tee, von den Buren die reisenden Generäle, von den Japanern die Operette »Mikado«, von den Lappen die Flicken, von den Isländern das Moos, von den Eskimos die Kälte, von den Tartaren die Nachricht. Wer hat jemals einen lebenden Mandschuren gesehen? Die Frage nach dem kleinen Kohn wäre rascher bejaht. Und plötzlich liegt die Mandschurei als Zankapfel vor uns!

Ich wohne im »Mikado-Hof«, in dessen Speisesaal allabendlich Versammlungen stattfinden, welche die Regierung zwingen wollen, den Russen die Zähne zu zeigen.

»Die Regierung«, sagte ein gestriger Volksredner, »will das nicht. Aber warum denn nicht? Wir sind mit China fertig geworden und werden mit Rußland noch fertiger werden. Aber wenn wir uns hüten, mit ihnen zu brechen, so werden sie fortfahren, uns auf der Nase herumzutanzen, und das ist ein Tanz, den ich *la Décadanse* nennen möchte, weil wir zugrunde gehen, wenn wir es uns gefallen lassen. Wir müssen die Russen aus der Mandschurei treiben! (Rufe: Raus! Raus!)

Sie sollen sie nicht haben
Die liebe Mandschurei,
Nach der sie wie die Raben
Schon schnappen mit Geschrei:

So lange noch die Mandschu-
Rei in Ostasien liegt,
Solang noch mit dem Kantschu
Der Russe Schläge kriegt!«

In diesem chauvinistischen Ton geht es weiter, genau wie in dem Lied »Die Wacht am Sumidagawa«, am japanischen Rhein.

So das japanische Volk. Se. Majestät der Mikado aber hat keine rechte Lust, sich auf das gefährliche Abenteuer einzulassen und die Streitaxt vom Leder zu ziehen. Man stellt sich wohl den Mikado in meiner Heimat anders vor, als er in der Tat ist. Man meint, weil er, von Sullivan in Musik gesetzt, einen großen Lacherfolg hatte, er spiele auch in Japan eine solche Rolle. Weit gefehlt. So wenig wie der Zar, als er noch Zimmermann war, Lortzings Lieder gesungen oder sie gar, wenn das Publikum es verlangte, wiederholt hat, so wenig geht der Mikado unter allgemeiner Heiterkeit über die Bretter. Der Mikado sagt sich: »Jeder Anfang mag schwer sein, nur ist nichts leichter, als einen Krieg anzufangen. Aber der Kriegslustigkeit folgt die Kriegstraurigkeit nur zu prompt als ein Bote, dessen Hinken nichts zu wünschen übrigläßt, hinterdrein. Dem Unheil ist leicht ein Tor geöffnet, aber ich wäre doch einer, wenn ich dem Sirenengebrüll des Volkes folgte. Denn wenn dann der Kriegsgott schief geht, dann will es natürlich niemand gewesen sein, und ich kann dann versuchen, auf dem Sündenbock, der ich schließlich sein werde, die Flucht zu ergreifen. Davon aber will ich nichts wissen!«

Es kommt nun allerdings alles auf die Haltung der russischen Regierung an. Bisher besteht diese Haltung darin, daß sie den Mund hält, keine Silbe laut werden läßt und keine Antwort gibt. Das macht die Japaner nervös, und sie verlangen, daß die Regierung dem Zaren ein derartiges Ultimatum stelle, daß er es für ein derunartiges halten müsse. Gestern sagte ein Landtagsmitglied zu mir: »Wenn ich der Mikado wäre und Sie fragte, was die Uhr sei, und Sie sehen auf die Uhr und geben mir keine Antwort, so würde ich Sie, lieber Freund, zum Harakiri verurteilen. Denn das Antwortgeben ist eine Pflicht. Aber Rußland gibt keine Antwort. Darum würde ich diesem Weltreich den Krieg erklären, der sein Untergang würde.«

Unterdessen denken England und Frankreich darüber nach, was im Fall eines russisch-japanischen Krieges zu tun sei. Zugleich tun die Koreaner alles, um ihr gespanntes Verhältnis zu Japan noch schärfer zu spannen, während die Chinesen in der Mandschurei eine sehr feindse-

lige Haltung gegen die Russen annehmen und daselbst die Räuberbanden ärger hausen als die Schillerschen in einer besonders gut inszenierten Aufführung. Das alles sind Schatten, welche große Ereignisse vorauswerfen.
Ich will mich aber nicht wie ein Säugling abhalten lassen, trotzdem den furchtsamen Leser mit der Hoffnung zu erfüllen, daß alles noch wieder gut werden könne. Im letzten Moment werden Rußland und Japan sich doch noch die Hände reichen. Vielleicht auch mischt sich der Haager Friedenskongreß nicht hinein, und dann ist das alte Gleis gelegt, in das noch alles wieder kommen kann. Wir wollen es hoffen.

Herrn Wippchen in Bernau
Es ist die höchste Zeit, daß Sie wieder an die Arbeit gehen. Seit dem Weihnachtsfest hüllen Sie sich in Schweigen, während aller Augen nach der Mandschurei gerichtet sind, des Krieges gewärtig, der zwischen Rußland und Japan auszubrechen droht. Solche Weltlage rechtfertigt doch am allerwenigsten das Ruhen einer Feder, welche den Krieg zu ihrer Spezialität erhoben hat. Von allen Seiten fragt man bei uns an, weshalb in unserem Blatt die Nachrichten über die Verhältnisse und Ereignisse in Ostasien völlig fehlen, und Sie scheinen nicht zu bedenken, wie dergleichen das Festhalten der Abonnenten erschwert. Auch auf die Inserate übt es einen schädlichen Einfluß aus. Wir bitten Sie also, Ihre Weihnachtsferien nicht ins Uferlose auszudehnen, sondern schleunigst zur Arbeit zurückzukehren. So erfüllen Sie am besten den Neujahrswunsch, den Sie uns freundlichst geschickt haben.

Ergebenst
Die Redaktion

Bernau, den 9. Januar 1904

Wohl selten hat sich mein Kopf so wenig zum Photographiertwerden geeignet, als in dem Augenblick, wo ich Ihr sehr geehrtes Schreiben las, welches ich zornig in meiner Hand förmlich zermalmte. Denn es fiel mir in dem Augenblick ein, wie Sie immer außer sich waren, wenn ich Ihnen eine Schlacht gesendet habe, die noch nicht stattfand, obschon der Ausbruch des Krieges unausbleiblich gewesen ist. Sie nannten mich in derlei Fällen: voreilig, leichtsinnig, rücksichtslos und einen Weichensteller, der durch Übereifer unsagbares Unglück anrichtet.

Indem Sie mir schreiben, aller Augen seien nach der Mandschurei gerichtet, gestatten Sie mir ganz absichtslos, an Ihrer Wahrheitsliebe zu zweifeln. Meine Hand auf Ihr Herz, übertreiben Sie nicht? Alle Augen der Reichshauptstädter mögen ja — dies will ich zu Ihrer Rechtfertigung annehmen — nach der Mandschurei gerichtet sein, obschon viele derselben ganz gewiß auf eine schöne Frau, auf ein volles Glas Rotwein, auf die Nummer eines Straßenbahnwagens, auf die Bühne usw. anstatt auf die Mandschurei gerichtet sein werden. Von hier aber kann ich Ihnen mit aller Bestimmtheit berichten, daß ich Ihnen viele namhaft machen könnte, deren Augen es nicht im Traum einfällt, auf die Mandschurei gerichtet zu sein. Sie glauben es nicht? Nun gut, so bitte ich Sie um einen Vorschuß von fünfzig Mark. Die Folge wird sein, daß, wenn Sie diese in Anbetracht des Neujahrs wahrhaft klägliche Summe einzahlen, anderntags der Geldbriefträger bei mir eintreten wird und meine Augen auf ihn, anstatt auf die Mandschurei gerichtet sein werden. Wenn Sie dann überzeugt sein werden, daß Sie übertrieben haben, so nehme ich mein Wort zurück und erkläre Ihre Redaktion für eine Ehrenredaktion, und wir haben alsdann das neue Jahr wieder im besten Zweivernehmen angetreten.

Was zu beweisen war.

W. Tokio, den 5. Januar 1904

Die Lage ist sehr ernst. Heute hatte ich eine Unterredung mit einem Staatsmann, welcher dem Mikado so nahesteht, wie es dieser strenge Monarch nur einem Diplomaten zu gestatten pflegt. Man sagt nämlich sonst: der oder der Staatsmann, welcher dem Mikado nahekniet.

Ich fragte ihn: »Was wird kommen?«

Er antwortete: »Das Schlimmste. Mars regiert die Stunde. Aber Rußland hat Schuld. Zar Nickel hat angefangen.«

Ich: »Das wußte ich. Rußland hat die Friedenskonferenz im Haag gegründet, und seit diese existiert, reißt der Krieg nicht ab.«

Der Staatsmann verstand mich nicht und lachte.

Ich: »Worüber lachen Ew. Exzellenz?«

Der Staatsmann (noch immer lachend): »O, ich lache niemals, zum Lachen habe ich keine Zeit. Wir Staatsmänner würden auch viel eher lachen, wenn wir Zahnschmerzen haben, als wenn ein Krieg im Anzuge ist, das heißt in den Falten der Toga. Ich wiederhole: Rußland hat schuld, und wenn es nicht so klein beigibt, daß wir es mit bloßem Auge nicht sehen können, dann ist der Krieg da.«

Ich: »Wenn Sie erlauben, halte ich mir den Bauch vor Lachen.«

Der Staatsmann: »Bitte. Ihr Bauch hat mich verstanden. Es ist unbegreiflich, daß ein sonst so vernünftiges Reich wie Rußland annehmen konnte, Japan werde sich die Mandschurei ruhig vom Brot nehmen lassen. Eher ließe Japan mitten im Sommer fünf Grade unter Null sein, und

wenn Rußland noch lange zögert, so wird es sich bald vergeblich nach dem Wirt umsehen, ohne den es die Rechnung zu machen so unvorsichtig gewesen war.«
Ich wußte genug. Aber ich hatte eigentlich schon längst genug gewußt. Dazu kommt, daß Japan nicht fürchtet, Rußland werde von irgendeiner Großmacht unterstützt werden. Welche Macht hat Geld? Keine.
Die Aufregung in Tokio ist unbeschreiblich groß. Immerfort ziehen Massen von Japanern durch die Straßen, und wie die Pariser im Jahr 1870: *à Berlin!*, so schreien sie: *à Petersbourg!*, während es ihnen gar nicht einfällt, daß das Unternehmen auch noch etwas schiefer gehen könnte, als zum Beispiel der Turm von Pisa schief steht. Kampflust ist aber etwas wie ein Rausch, und im Rausch bemerkt man nicht, wie schief die Haltung gewickelt ist, in die man gerät, ohne es zu wissen. In den Wirtshäusern finden wilde Szenen statt, welche immer blutig werden, wenn irgendein Gast darauf aufmerksam macht, daß Rußland doch den Sieg mit steifem Arm forttragen könnte. Da wird er sofort gelyncht, fliegt braun und blau auf die Straße und kann froh sein, daß er nicht am nächsten Laternenpfahl einen Geist hat, den er daselbst aufgeben muß, er mag wollen oder nicht. Die Theater sind überfüllt, aber kaum wird um halb acht Uhr das Zeichen zum Beginn der Vorstellung gegeben, so fängt das Pulikum an, die japanischen Nationallieder zu singen. Dann hebt sich der Vorhang, und die Mitglieder der Bühne hören zu, rufen *Da capo* und applaudieren. Man begreift nicht, zu welchem Zweck dann eigentlich das Publikum ins Theater geht, denn es kann ja viel billiger auf der Straße oder im Schoß der Familie singen. Die Mitglieder des Theaters aber sind froh, daß sie für ihre enorme Gage

jetzt nichts weiter zu tun haben, als zuzuhören. Solche Zustände schafft der Chauvinismus, eine Krankheit, gegen die keine Medizin gewachsen ist. Was man auch gegen ihn vorbringen möge, man predigt tauben Nüssen.
Alles eilt zu den Waffen. Die sämtlichen Waffenläden zeigen in den Schaufenstern Plakate mit dem Wort: Ausverkauft!, und es sind dort nur Briefmarken, Gummibälle, Damengürtel, Zigaretten und andere harmlose Artikel zu finden, welche das Firmenschild am Eingang zu verhöhnen scheinen.

W. Tokio, den 5. Februar 1904

Es ist mir mit dem besten Willen unmöglich, das Ende des Zankapfels zu melden, welcher nicht weit vom Stamm der Japaner gefallen ist und Mandschurei heißt. Rußland und Japan fürchten sich, die Rolle des anfangenden Karnickels zu spielen, ebenso aber will weder Rußland noch Japan den ersten Schritt tun, um die Hand zur Friedenspalme zu bieten. Und es wäre doch so leicht. Die Tür des Janustempels darf nicht mit der Tür eines Hauses verglichen werden, an der man liest: Schließt von selbst. Es muß sich einer finden, der sie ins Schloß wirft. Aber vorläufig hat Japan eine dringende Note ins Schloß des Zaren geworfen und wartet nun auf Antwort, welche Rußland nicht gibt. Japan ersucht Rußland dringend, die Mandschurei zu räumen, aber Rußland weicht nicht. Es gibt, wie gesagt, einfach keine Antwort. Soll das Japan nicht nervös machen? Jawohl! »Jawohl« ist eine Antwort. Wenn der Leser gefragt hätte, ohne von mir eine Antwort zu erhalten, so hätte er das Recht gehabt, mich ungezogen zu nennen. Als ich gestern auf der Straße einen Herrn fragte, was die Uhr sei, weil ich meine hatte — ich bin oft so zerstreut — im Leihamt liegen lassen, da gab mir der Herr keine Antwort. Er sah mich an und ging vorüber, wie Minna an Schiller. Das fand ich ungezogen. Es war ein Russe. Das ist eine Erklärung, aber keine Entschuldigung gewesen. Dieser Russe wollte nur seine Regierung nachahmen und die Antwort schuldig bleiben. Ich war außer mir, und wenn ich nicht halb schweigend, halb mitleidig die Achsel gezuckt hätte, gewiß, dieser Halbbarbar würde zugehauen haben. Aber nervös hat mich dieses Schweigen gemacht. Wenn mich der Russe ärgern wollte, so konnte er ja sagen: »Dreiviertel«, oder »Zehn Minuten nach«, es wäre dumm gewesen, aber doch eine Antwort. Nicht einmal eine dumme Antwort gibt Rußland!

Schlimmer als mit diesem Schweigehund ging es mir heute vormittag mit einem russischen Staatsmann, den ich aufgesucht hatte, um von ihm etwas Näheres über die Lage der Kluft zu vernehmen, die sich zwischen Japan und Rußland aufgetan.

»Guten Morgen«, sagte ich im saubersten Russisch, als ich eingetraten war.

Ich erhielt keine Antwort. Das fiel mir auf. Doppelt sogar. Einmal überhaupt und dann auf die Nerven.

»Exzellenz können sich wohl denken«, begann ich, »weshalb ich komme. Europa ist beunruhigt. Die Haltung Rußlands ist ihm rätselhaft, denn sie stellt den Frieden in Frage. Weshalb läßt die russische Regierung die japanische auf Antwort warten?«

Der Staatsmann schwieg.

»Das mag ja richtig sein«, erklärte ich, um ihn nicht merken zu lassen, daß ich eigentlich Grund gehabt hätte,

ungehalten zu sein. »Aber der Mikado versteht das nicht und fühlt sich in seinem Stolz verletzt. Wird das nicht die schlimmsten Folgen haben können?«
Der Staatsmann gab mir keine Antwort.
»Nun also!« rief ich, als habe er meine Frage bejaht. »Wenn eine Antwort alles wieder in einen *Status* bringen kann, wie er *quo ante* gewesen, weshalb erfolgt sie nicht?«
Der Staatsmann hielt schweigend den Mund.
»Das ist bedauerlich«, meinte ich, den Ärger unterdrükkend. »Der Krieg kann für beide Teile schlimme Folgen haben. Glauben Sie überhaupt an den Krieg?«
Der Staatsmann verhielt sich ebenso einsilbig, wie es die Worte Ja und Nein bekanntlich sind.
»Ich weiß genug!« warf ich ein, statt in einen erregten Ton zu fallen, welcher den eintretenden Sekretär hätte zur Folge haben können, und entfernte mich. Als ich draußen war, hörte ich den Staatsmann »Schafskopf!« rufen, womit er ohne Zweifel den Diener meinte, der an derlei gewöhnt zu sein scheint, denn ich hörte ihn lachen. Das Los eines russischen Untergebenen muß kein beneidenswertes sein.
Ich kann mir das echt russische Schweigen allerdings erklären. Rußland hat zwar Zähne, ist aber noch nicht bis an sie bewaffnet. Es zieht seine Truppen zusammen, aber das Fazit dieser Addition gefällt ihm noch nicht. In Rußland ziehen sich Truppen nicht so leicht zusammen, wie sich etwa Gewitter zusammenziehen. In Port Arthur liegen oder stehen etwa zwanzigtausend Mann, aber für die japanischen Kanonen, welche einen glühenden Heißhunger haben, reichen sie als Futter nicht aus. Rußland spielt also gewissermaßen in einer Art Lotterie, um Zeit zu gewinnen, welche die Armee braucht, um die unge-

heuren Entfernungen zurückzulegen. Aber auch Japan braucht Zeit wie das liebe Brot, um sich vollständig zu rüsten, es bildet mit Rußland ein Rüstpaar, ein richtiges *para bellum.* Es fragt sich nur, wer von beiden zuerst fertig wird. Das Beste wäre schon, beide würden dies nicht, denn ich fürchte, daß es ein Kampf wird zwischen Goliath und David, nur daß der Goliath schließlich über den kleinen David triumphieren wird. Denn Rußland bleibt doch immer ein Riese, dem Japan nicht gewachsen ist, oder höchstens bis zur Taille. David schlug die Harfe und Goliath, aber ich fürchte, es ist dies nur ein Märchen. Wenigstens heute, wo sich die Harfe wohl diesen Sadismus gefallen läßt, aber der Stärkere und Größere doch immer über den Schwächeren und Kleineren den Sieg im Schnupftuch davonträgt.
Die Hauptstadt ist noch immer in großer Aufregung. Die Bewohner wollen den Krieg. Es fällt ihnen nicht ein, daß auch die Pariser eines Tages den Krieg wollten, ihn auch bekamen und nicht lange nachher froh waren, wenn sie am Sonntag anstatt des Huhnes eine Ratte im Topf hatten. Der Chauvinismus hat es in sich. Viele wünschen blind- und taublings den Krieg herbei — ich nenne sie Tokidioten —, ohne zu bedenken, daß der Mars auch wie ein Betrunkener schief gehen und auf die Nase fallen kann. Dann ist es natürlich zu spät. Man spricht nicht ohne Grund von einem Kriegsspiel. Einer gewinnt, der andere verliert. Natürlich können die Gegner über die Russen siegen, wie sie über die Chinesen gesiegt haben, es kann aber auch sein, daß die Russen die Oberfaust gewinnen und Tokio belagern. Der Zar ist ein Gemütsmensch. Der Pardon, den er nicht gibt, ist wohl allgemein bekannt. Er nimmt keine Rücksicht, aber sonst alles, was

er kriegen kann. Wer könnte ihn als Sieger verhindern, den Mikado vom Thron zu stoßen und ihn nach einem russischen Wilhelmshöhe zu verbannen? Seit Akiba ist ja alles schon einmal dagewesen.
Vorgestern wurde Marquis Ito zum Mikado gerufen. Man weiß, was Ito ist. Ein Marquis. Dann wurden sämtliche Minister hinzugezogen. Die Sitzung dauerte sieben Stunden. Von gutunterrichteter Seite wird mir mitgeteilt, daß die Politik den Gegenstand der Beratung bildete. Der Mikado ließ sich über die Verzögerung der Antwort Rußlands zu Worten hinreißen, die der Zar zum Glück nicht gehört hat. Er rief einmal: »Der erhabene Selbstherrscher aller Reußen, Unser geliebter Bruder, sind etwas saumselig.« Man kann sich denken, wie der genannte Marquis und die übrigen anwesenden Diplomaten aus ihrem Häuschen waren, als sie den Herrscher von einem Ebenbürtigen in so respektlosen und kecken Worten sprechen hörten. Als aber der Mikado merkte, welchen Eindruck der Ausruf, zu dem er sich hatte hinreißen lassen, hervorgebracht hatte, lenkte er ein, indem er alles zurücknahm, den Zaren für einen Ehrenselbstherrscher erklärte und anordnete, daß seine Worte nicht in dem Regierungsblatt bekanntgegeben werden sollten. Dieser Vorfall mag auch als Beweis dafür gelten, mit welcher Höflichkeit zwei Monarchen miteinander verkehren, welche mit einem Fuß im Krieg stehen, der Tausenden von Landessöhnen das Leben kosten kann.
In dieser Sitzung sprach man auch davon, Japan Aliierte zu verschaffen. Amerika und England wurden vorgeschlagen. Marquis Ito aber warf sich zu den Füßen des Mikado, genau wie sein Titelvetter in Schillers »Don Carlos« zu den Philippschen Füßen, und bat um Gedanken-

freiheit. Der Mikado gab sie ihm und erhob ihn dann zu seinem sonderbaren Leibschwärmer. Hierauf ergriff der beglückte Marquis das Wort über die Freundschaft Amerikas und Englands und schilderte, wie die Freundschaft Amerikas den Japanern, wie die Freundschaft Englands den Buren bekommen sei. Die Hörer saßen da, auf das Tiefste wie vom Schlag gerührt, und selbst dem Mikado sträubten sich die allerhöchsten Haare. Die Mitglieder der Konferenz sahen ein, daß Japan Kopf und Kragen an solche Alliierten verlieren könnte, worauf der Mikado ihnen befahl, den Antrag einstimmig abzulehnen, was denn auch geschah. Die Abstimmung wurde durch Hammelsprung vollzogen. Sämtliche Staatsmänner traten durch die Neintür ein, während an der Jatür ein Henker aufgestellt war, welcher den Auftrag erhalten hatte, jedem Eintretenden den Kopf vor die Füße zu legen: eine der unblutigsten Wahlhandlungen der letzten zehn Jahre!

Es darf nicht verschwiegen werden, daß Rußlands offizielle Presse fortwährend die Friedensliebe des Zaren betont. »Der Kosak«, den ich eben gelesen habe, druckt aus dem Regierungsblatt »Die Knute am Montag« folgendes Exposé ab: »Es ist richtig, wir rüsten. Wir haben eine kolossale Armee auf die tönernen Füße gebracht, und täglich wächst uns ein neues Regiment in der flachen Hand. Aber das geschieht nur, um Handel und Industrie zu unterstützen. Es ist wahr, daß in Liaojang tausend Wagen zum Transport von Munition und Vorräten requiriert worden sind, wir können aber diese Sachen doch nicht tragen lassen. Ungeheure Kohlenmassen sind nach Port Arthur geschafft worden, aber irgendwo müssen die Kohlen doch liegen. Damit ist noch nicht gesagt, daß wir uns mit Kriegsgedanken beschäftigen. Wäre dies der Fall, so würden wir wenigstens einen Schuß fallen hören. Es ist aber überall still, als wenn Pilze aus der Erde schießen. Das kann man doch nicht Pelotonfeuer und Flintenknattern nennen. Japan darf ruhig sein. Es in einen Krieg zu verwickeln, das fällt uns nicht in Morpheus' Armen ein.«

Man mag nun über Rußland denken, wie es nicht wolle, diese Sprache ist nicht die einer Regierung, welche alle fünf oder gar alle zehn Finger nach den eisernen Würfeln leckt. Immerhin wird Japan die Augen offen und die Kanonen trocken halten müssen. Ich traue der russischen Regierungspresse nicht, solange in ihren Artikeln zwischen einer Zeile und der anderen etwas Raum zum Lesen ist. Wer Russisch lesen kann, lasse es sich ins Deutsche übersetzen, und er wird finden, daß die Fortdauer des Friedens durchaus noch nicht feststeht. Man muß dabei immer an die Kampanile denken, die doch auch eines Tages feststand.

In allen fünf Weltteilen ist der Frieden immer nur ein Kampanilefrieden.

Herrn Wippchen in Bernau

Besten Dank für die Vernichtung der russischen Flotte durch die japanischen Torpedos. Sie stellen dieses Ereignis mit einer überraschenden Lebendigkeit dar, und ganz gewiß hätte Ihr Bericht die Leser ungemein gefesselt. Aber dies kann doch nicht der alleinige Zweck eines Berichtes sein. Ohne Zweifel haben Sie den Inhalt irgendeines erlogenen Extrablattes für authentisch gehalten, ein übriges hinzugetan und so die russische Armada aus der Welt geschafft. Warten wir also mit dem Abdruck, bis Ihr Bericht durch die Tatsachen aktuell wird, und senden Sie uns baldigst eine wenigstens halbwegs glaubhafte Darstellung des Beginns eines Krieges, welchem Sie Ihre ganze Aufmerksamkeit widmen müssen.

Ergebenst
Die Redaktion

Bernau, den 14. Februar 1904

Wenn Sie eine Ahnung von der Arbeit hätten, welche mir die Vernichtung der russischen Flotte verursacht hat, so wäre es Ihnen vielleicht nicht eingefallen, mein Feuilleton zu vernichten, mit dem ich so vielen Lesern gewiß eine Freude bereitet hätte. Jedenfalls ist die Vernichtung einer Flotte mit der eines Feuilletons nicht in einem Atemzug zu vergleichen. Ganz abgesehen von allem übrigen: Volle drei Stunden kostete mich der Grund, in welchen ich die russische Flotte bohrte, während die Seite, zu welcher Sie meinen Bericht schoben, kaum zwei Sekunden in Anspruch nahm. Wenn Sie mein Manuskript angesehen hätten, so mußten Sie bemerken, mit welcher Sorgfalt die russische Flotte von mir zerstört worden war. Ich habe ganze Städte ausgestrichen und durch neue ersetzt. Die Namen der Admiräle bereiteten mir große Schwierigkeiten, da mir nicht ein einziger bekannt war. Die Namen der im ersten Anlauf zerstörten Schiffe hatte ich aus demselben Grund zu erfinden, und ich gab ihnen daher Namen, welche an die Vergehen und Fehler der russischen Regierung erinnerten, um mein Strafgericht wenigstens allen zivilisierten Lesern in milderem Licht erscheinen zu lassen, ich nannte sie Finnland, Kischinew, Sibirien, Absolutismus usw. Das ganze Manuskript ist in den Schornstein geschrieben, und ich möchte meine Tinte mit dem Schweiß vergleichen, welchen Sisyphus vergoß, indem er das geflügelt gewordene Felsstück vergeblich auf dem Berg festzu-

halten suchte. Und dennoch ist mein Los bedeutend nietenhafter. Denn wenn ich Sisyphus gewesen wäre, so wäre es mir auch gleichgültig gewesen, ob das Felsstück oben oder unten gelegen hätte. Ob mir aber eine ganze Flottenvernichtung gedruckt wird oder Manuskript bleibt, das ist doch wahrlich ein Unterschied wie zwischen Kabale und Liebe, Hero und Leander, Arria und Messalina, Zar und Zimmermann, Lorbeerbaum und Bettelstab und andere Repertoirestücke.

Ich will indes auch heute nicht zu den tauben Ohrenpredigern gehören, sondern das Unvermeidliche mit jener Würde tragen, welche jede Vertraulichkeit entfernt. Aber ich muß Sie doch darauf aufmerksam machen, daß in dem vorliegenden Krieg kein gewöhnlicher Maßstab an meine Berichte gelegt werden darf. In diesem Krieg werden die Enten in ungeheuren Schwärmen in die Erscheinung schwimmen, wird das Blaue derart vom Himmel heruntergelogen werden, daß diese Farbe überhaupt nicht mehr zu sehen sein wird, wird so gelogen werden, daß man sich vergeblich nach einem Balken umschauen dürfte, welcher sich nicht biegt, und werden die Lügen so kurze Beine haben, daß man nicht wird begreifen können, wie sie vorwärts kommen. Man wird sich an diese Tatsache gewöhnen müssen. Wenn in russischen Blättern über eine Schlacht berichtet werden wird, welche den Russen Hunderte von Toten und Verwundeten kostete, so wird man lesen, daß sich während des Kampfes die Zahl der Lebenden durch die Niederkunft zweier Marketenderinnen auf dem Schlachtfeld um fünf vermehrt habe, da die eine von Zwillingen, die andere von Drillingen entbunden worden sei. Fliegt ein Schiff in die Luft, so darf man sicher sein, daß das Regierungsblatt das Wunder melden wird, die Flotte sei während des Kampfes durch zwei aus der Luft heruntergeflogene Schiffe bereichert worden. Mit bedeutend weniger Vorsicht aber ist die Nachricht aufzunehmen, daß ich gezwungen bin, Sie um einen Vorschuß von vierzig Mark zu bit-

ten. Es ist dies die volle Wahrheit, aber so traurig sie auch klingen mag, sie wird nicht länger so klingen als bis zum Eintreffen der fünfzig Mark, oder sagen Sie lieber: der sechzig Mark, um das halbe Hundert noch etwas voller zu machen.

W. Tokio, den 12. Februar 1904

So leben wir denn mitten im zerschnittenen Tischtuch! Nachdem Japan in der Nacht vom achten auf den neunten die russische Flotte angegriffen und stark beschädigt hat, befahl der Zar, dies für den Beginn der Feindseligkeiten zu halten, worauf Japan den Russen den Krieg erklärte. Dies war das Signal für beide Mächte, mit aller Deutlichkeit ihre Friedensliebe zu betonen. Rußland setzte in einer Note auseinander, welche Opfer es gebracht habe, um den Frieden aufrechtzuerhalten, und Japan versandte eine Zirkulardepesche, in der es schilderte, was es getan habe, den Krieg zu vermeiden. Mit einem Wort: jetzt will es keiner gewesen sein!

Seit Würfel fallen und zum Schwert gegriffen wird, hat es noch keinen Krieg gegeben, welcher wußte, wer ihn angefangen hat. Immer waren beide von Friedensliebe beseelt, und der andere hatte die Schuhe an, in welche der Krieg geschoben wurde. Keiner grub die Streitaxt aus, keiner öffnete den Janustempel. So wird denn auch dieser Krieg das Land und den Meeresspiegel mit Blut düngen, ohne daß Klio imstande sein wird, die Furie, welche dem Frieden den Giftbecher reichte, also gewissermaßen die Ur-Hebe, beim rechten Namen zu nennen.

Als die Nachricht von dem Erfolg bei Port Arthur hier eintraf, war der Jubel kolossal. Nur mit Mühe gelang es der Polizei, die Extrablatthändler vor der Gefahr, zerrissen zu werden, zu schützen. Die hübschen Japanerinnen wurden von ihnen unbekannten Herren auf offener Straße umarmt und teilten deren Freude. Ich selbst wurde von einer reizenden Frau umarmt, die mir sagte, sie habe noch nicht zu Mittag gepeist, und mich in ein Restaurant führte. Überall floß der trockene Henkell in Strömen. Das Volk zog vor das Schloß des Mikado, der auf dem Balkon erschien, den Fußfall der Bürger gnädigst entgegennahm und dann ankündigte, daß er zur Feier des Sieges ein Japantheon errichten lassen werde, in welchem die Helden von Port Arthur begraben werden sollten. Alle Schulen wurden geschlossen, und die Knaben ernannten die Schwächeren zu Russen und prügelten sie in die Flucht, deren Wildheit die Zuschauer sehr unterhielt.

Einem Russen, der in seiner Equipage durch die Straßen fuhr, wurden von einigen Erbfeinden die Pferde ausgespannt und an einen Roßschlächter verkauft. Abends war Tokio glänzend illuminiert, und Tausende von Glühstrümpfen verscheuchten die Dunkelheit, so daß die Nachtwächter jubelnd ihre Posten verließen. Bis zum frühen Helios setzte sich der Siegesrausch in den Wirtshäusern fort, wo sich der Haß gegen Rußland dadurch Luft machte, daß nicht eine einzige Portion Kaviar oder Sterlet bezahlt wurde, wenn sie bestellt und verzehrt war.

Der Angriff der Japaner überraschte die Russen vollkommen, so daß sie völlig die Fassung verloren und sich erst erholten, als es zu spät war. Ich kann es verstehen, daß die Russen über diese Art des Kriegführens außer sich sind und ihre Niederlage nicht gelten lassen wollen. »Nichtsahnende Feinde überrascht man nicht«, sagen sie sehr entrüstet. »Das ist geradezu ein Mißbrauch des Vertrauens, mit dem Rußland in den Krieg zog. Im Frieden haben Überraschungen einen Sinn. Eine Geliebte überrascht man mit einem Diamantring. Eine Frau überrascht man mit einem Hausfreund, oder sie überrascht ihren Gatten durch die Geburt eines Kindes. Diebe werden überrascht und dadurch verscheucht. Dergleichen Überraschungen sind nicht zu vermeiden, und immer wird es solche geben. Aber im Krieg ist es unanständig, mit Torpedos ins Haus zu fallen und wie Zieten aus dem heiteren Busch oder wie der Bergesalte aus der Felsenspalte im Schillerschen ›Alpenjäger‹ gegen den Feind zu rücken und scharf zu schießen. Das sollte im Haag verboten werden!«

Der Einzug der Japaner in Seoul, der Hauptstadt von Korea, gestaltete sich zu einem interessanten Triumphzug. Die Japaner waren in Tschemulpo (sprich: Tschemulpo) gelandet und marschierten auf Seoul los, fest entschlossen, von ihren Waffen Gebrauch zu machen, wenn dies nötig werden sollte. Zum Glück für die Besatzung von Seoul fanden sie aber keine vor, und da, soweit das Japanerauge reichte, die Kanonen nur gähnten und sich kein Hahn an einer Flinte rührte, fand der Einzug ohne Störung statt. Die Seouler empfingen die Einziehenden mit dem lauten Hurra der bilderreichen chinesischen Schrift und führten sie in die Quartiere, wo mit Rum bedeckter Tee ihrer harrte und später getanzt wurde.

Es ist nun anzunehmen, daß die Russen sich rasch von der Niederlage ihrer Flotte erholt haben und in der Hoffnung, daß ihnen auf dem festen Land das Glück statt den Rücken die Vorderfront kehren wird, die in und um Seoul liegenden Truppen angreifen werden. Ich eile morgen nach Korea, wenn Mars meine Gegenwart nicht an

einer anderen Stelle fordert. Ich sehe einen Krieg entbrannt, dessen Länge, in die er sich ziehen kann, nicht abzusehen ist. Es ist eine bange Frage: wird das Rollen, in welches der Stein kam, bald aufhören, oder wird die lange Bank, auf welche der Frieden geschoben scheint, länger sein, als dies für Europa ersprießlich ist?
Wer kann diese Frage bejahen oder verneinen? Ich halte meinen Mund wenigstens für nicht weise genug, ein entscheidendes Ja oder Nein zu sprechen.

W. Port Arthur, den 18. Februar 1904

Die Reise von Tokio hierher mache ich nicht zum zweiten Mal. Es war eine gefahrvolle Fahrt. Wenn man ein Meer zu passieren hat, auf welchem die Torpedos zweier Mächte, die sich den Untergang geschworen haben, arbeiten, so liegt die Zukunft des Reisenden nicht auf dem Wasser, oder nur in der Weise, daß sie jeden Augenblick von den Wellen verschlungen werden kann. Die Kugeln pfiffen ein Lied ohne Worte, welche etwa lauteten: »Denke an den *Memento mori*!« Mir war es, als sei ich ein dramatischer Dichter, welcher bei der Uraufführung seines Stückes pfeifen hört. Man mag über Geschütze denken, wie man wolle, aber man muß mir zustimmen, wenn ich sage: »Indem sie speien, verletzten sie jedes Anstandsgefühl, ganz wie ein Mensch, der es in unserer Gesellschaft tut.« Mit Recht ist es in jedem Straßen- und Eisenbahnwagen verboten. Ich mußte viel über das Wort nachdenken. Kommt es von Schützen, wie Gelächter von Lachen, wie Gekose von Kosen, wie Gesang von Singen? Der Kapitän des Schiffes, den ich fragte, nahm die Zi-

garre, die ich ihm anbot, das war aber auch die einzige Auskunft, die er mir gab.
Ich war froh, als ich endlich Port Arthur erreicht hatte.
Die Russen können sich noch immer nicht über den Erfolg der Japaner beruhigen. Ihr Kriegsplan war folgender: die russische Flotte sollte sich mit dem Wladiwostok-Geschwader vereinigen, und nachdem sie die japanische Flotte unrettbar in den Grund gebohrt, eine große Armee in Japan landen, die direkt auf Tokio marschieren sollte, und zwar so rasch, daß dem Mikado keine Zeit blieb, die Flucht, geschweige denn eine andere Maßregel zu ergreifen, sich der Rache Rußlands zu entziehen. Admiral Stark des Flaggschiffs »Petropawlowsk« hatte den geheimen Befehl, den in seine Hände fallenden Beherrscher Japans standesgemäß zu behandeln, ihn also nicht knuten oder gar erschießen zu lassen. Es war ihm ausdrücklich zur Pflicht gemacht, mit ihm zu verkehren, wie deutscherseits mit Napoleon verkehrt worden war, nachdem er von Sedan aus seinen eingesteckten Degen dem Sieger übergeben hatte. Dem Mikado sollte die gelbe Jacke nicht ausgezogen, er sollte überhaupt in dem Glauben gelassen werden, daß er noch auf dem Repertoire sei. Dann war bestimmt, daß er mit dem größten Teil der gefangenen japanischen Armee nach St. Petersburg geführt werden sollte, wo am ersten März der feierliche Einzug stattfinden werde. Der Newskij-Prospekt sollte für diesen Triumphzug auf Kosten der Privatschatulle des Mikado glänzend ausgestattet werden. Die Losung sei: nicht knausern in den Sack des Feindes hinein! Die *Via Triumphalis*-Straße sollte in noch nicht dagewesener Weise mit eroberten Fahnen geschmückt erscheinen und die gefangene japanische Kernarmee durch ein Spalier

von vernagelten Kanonen marschieren. Am Abend werde die Hauptstadt glänzend illuminiert und es dem Mikado gestattet sein, sich auf einer Rundfahrt von dem Glanz der Illumination und dem Jubel der Bevölkerung zu überzeugen.

Die Ausführung dieses Planes ist nun auf die *Calendas graecas* vertagt, deren Ende nicht abzusehen. Das Los der Russen gleicht dem großen, von welchem ein Spieler träumt und das überhaupt in der Trommel des Waisenknaben liegen blieb. Die erste Niederlage der Russen ist nicht niederer zu denken. Wenn auch Schiffe durch Schaden klug werden könnten, so wären jetzt die Schiffe der russischen Flotte durch den ihnen von den japanischen Torpedos zugefügten die klügsten Schiffe aller Seemächte. Schweigend liegen jetzt diese Schiffe im Hafen, denn sie sind meist am Schnabel schwer verletzt. Sie werden nächstens in den Trockendocks ausgebessert, aber es wird lange dauern, bis sie wieder das Bett des Meeres besteigen können. Es war ein Schlag, den ich ein Sedan nennen möchte. Die Wolken, aus denen die Russen gefallen sind, verdunkeln die Sonne von Austerlitz, von der der Zar geträumt hat. Die japanischen Torpedos schossen die Russen vom Erhabenen zum Lächerlichen. Wer nicht leben mag, braucht hier nur hiervon zu sprechen, sofort hört er das Gras wachsen, in das er beißen wird. Denn die Russen kennen sich nicht vor Wut. Der Wirt des »Knuthof«, in welchem ich abgestiegen bin, sagte heute zu mir: »Haben Sie jemals einen größeren Zwerg gesehen als dieses Japan? Ja? Dann gebe ich Ihnen einen Tritt, daß Sie aus der Tür fliegen. Und dieser Zwerg tritt uns in unseren Fußstapfen auf die Hacken, uns, deren Mund schon größer ist als dieser ganze Feind! Verkehrte Welt! Das Rad schlägt den Pfau, die Stunde schlägt die Uhr, der Baum schlägt den Holzhacker, der Schüler schlägt den Sadisten, die Trommel schlägt den Tambour, die Augen schlagen die Jungfrau zu Boden. Haben Sie geglaubt, daß Rußland von einem Knirps, einem Däumling, einem Liliputaner geschlagen werden kann? Dann sind Sie ein uneheliches Kind des Todes!«

Es fiel mir nicht ein, ja zu sagen. Aber auch das Nein wollte nicht aus dem Mundwinkel heraus. Ich habe hier das neueste Nationallied »Des Russen Vaterland« von einem Kosakenquartett singen hören, welches deutlich zeigt, wie sich die Russen den Zukunftsstaat denken. Hier einige Strophen:

Was ist des Russen Vaterland?
Ist's, wo des Zaren Wiege stand?
Ist's, wo der Finne schäumt vor Wut?
Ist's, wo der Nilschlamm Gutes tut?
  O nein, o nein, o nein, o nein!
  Sein Vaterland muß größer sein!

Was ist des Russen Vaterland?
Ist's Deutschland? Ist's das Ungarland?
Ist's Persien? Ist es die Türkei?
Ist's, wo sich dehnt die Mandschurei?
  O nein!
  Sein Vaterland muß größer sein!

Was ist des Russen Vaterland?
Ist's England? Ist's Dänenland?
Ist's, wo der Schwede Hölzchen schnitzt?
Ist's, wo der Ibsen dichtend sitzt?

O nein!
Sein Vaterland muß größer sein!

Was ist des Russen Vaterland?
Ist's Frankreich? Ist's das span'sche Land?
Ist's China, wo am Bambusstock
Der Trank wächst für den *five-o-clock*?
O nein!
Sein Vaterland muß größer sein!

Was ist des Russen Vaterland?
Ist's Japan? Ist es Niederland?
Ist's dort, wo Prag und Königgrätz?
Ist es, wo die *United States*?
O nein!
Sein Vaterland muß größer sein!

Was ist des Russen Vaterland?
So nenne endlich mir das Land!
So weit der Wutki prächtig schmeckt
Und besser als Bordeaux und Sekt,
Das, wackrer Russe, nenne Dein:
Der ganze Globus soll es sein!

Und nun nenne der geehrte Leser mir einen Operngukker, ein Teleskop oder irgendein anderes Instrument, welches tiefer blicken läßt als dieses Lied!
Wie in allen Kriegen, so wird von beiden kriegführenden Mächten der Himmel um Sieg gebeten. Der Freund sagt, er sei mit ihm, der Feind sagt, er sei gleichfalls mit ihm. Beide erklären, ihre Sache sei die gerechte. Nun tritt in dem vorliegenden Krieg der eigentümliche Fall ein, daß

der Japaner einen ganz anderen Himmel hat als der Russe. Es kann also sein, daß beide erhört werden und mithin beide siegen. Was dann? Es wäre dies vielleicht die beste Lösung des Knotens, als welchen jetzt einer den andern erklärt.
Vor Port Arthur nichts Neues. Aber das Alte ist schlimm genug.

W. Port Arthur, den 5. März 1904

Alles deutet darauf hin, daß Port Arthur eingeschlossen wird. Wenn ich einen Russen sehe, so halte ich ihn für den letzten Mann, bis auf welchen die Festung verteidigt werden soll. Es wird ein Kampf werden, dessen Härte einer besseren Sache würdig wäre und nichts zu wünschen übriglassen wird. Um die Gefahr der Aushungerung und Ausdürstung zu beseitigen, werden ungeheure Massen von Proviant aufgestapelt. Viele Magazine sind mit frischem Brot angefüllt, alle Felder sind mit Rindvieh bevölkert, auf den Hühnerhöfen werden unzählige Mengen Geflügel zum Eierlegen angehalten, und für die Lieblingsspeise des russischen Soldaten, das Talglicht, ist reichlich gesorgt. Wie vorauszusehen war, sind arge Fälschungen der Armeelieferanten an den Tag gekommen. In den Talglichtern fehlte der Docht. Ebenso sind Tausende von Austernschalen leer und ebenso viele teuer berechnete Schafe überhaupt nicht gefunden worden. Gegen diese gewissenlosen Lieferanten ist sehr streng verfahren worden, indem sie von den Beamten, welche diese Unredlichkeiten entdeckten, gezwungen wurden, den Gewinn mit ihnen zu teilen. Die Decke, unter welcher die

Armeelieferanten mit den Militärbeamten stecken, ist groß und der Zar weit.
Die Erregung gegen die Japaner ist eine ganz maßlose geworden. So hat der Festungskommandant die Direktion des Stadttheaters gezwungen, allabendlich und am Sonntag auch nachmittags den »Mikado« aufzuführen, damit das Publikum den Darsteller der Titelrolle bei seinem Auftreten derart mit Trommeln und Pfeifen empfangen kann, daß er sein Auftrittslied nicht zu Ende zu singen vermag. Alsdann verlangt das Auditorium stürmisch das russische Stück »Nachtasyl«, welches dann unter fortwährendem Applaus zur Aufführung gelangt. Vor einigen Tagen war ich an das Ufer der Halbinsel Liaotung (sprich: Liaotung) geeilt, wo die Landung japanischer Streitkräfte stattfinden sollte. Port Arthur wird nämlich auch vom Land aus eingeschlossen werden. Und bald nach meinem Eintreffen hörte ich auch schon die Regimentsmusik der japanischen Belagerungstruppe in der Ferne, welche sich näherte. Ich hörte einen Marsch, welchem ein in letzter Zeit vielgesungenes Spottlied »Haben Sie nicht den kleinen Zar gesehen?« zugrunde lag. Die Soldaten waren lustig. Als ich einem eine Zigarre anbot, sagte er zulangend: »So werde ich Port Arthur nehmen!«, zündete sie sofort an und setzte hinzu: »Und so an allen vier Ecken anstecken, wenn es sich lange besinnt, die Tore zu öffnen!« Ich warnte ihn vor seinem Optimismus, worüber er lachte, weil er keine Silbe verstand, und dann, da er meine Adresse nicht kannte, versprach, mir eine Ansichtspostkarte zu schreiben. So schieden wir.
Die Siegesgewißheit der Japaner flößt mir Bedenken ein. Ich habe immer gefunden, daß die Nürnberger recht behielten, wenn sie keinen henkten, den sie nicht hatten,

und daß der Bär noch erst geboren werden muß, dessen Fell zu verkaufen wäre, bevor man ihn angebunden hat. Der Statthalter Alexejew, einer der ersten Staatsmänner des Buchstaben A im Konversationslexikon, wartet alles ruhig ab. Ich sprach ihn heute. »Ich habe alle Hände voll zu tun«, sagte er, indem er mir keine reichte, die ich hätte schütteln können, »es wäre mir also angenehm, wenn Sie mich bitten, sich kurz fassen zu dürfen. Sie wollen wissen, ob die Japaner Port Arthur nehmen werden. Wenn wir es ihnen geben, so wären sie ja Esel, wenn sie es nicht täten. Aber sie können es so lange belagern, bis sie aus der gelben die schwarze Rasse werden. Es will mancher höher niesen, als ihm die Nase gewachsen ist. *Festina* mit *lente*! Ich weiß nicht, ob Sie Rom kennen, aber ich weiß, daß es nicht an einem Tag erbaut ist. Wenn Port Arthur belagert wird, so wird es auch nicht an einem Tag erbaut sein, aber wenn die Japaner glauben, es in ebenso kurzer Zeit vom Erdboden rasieren zu können, so müssen sie schon eine sehr gute Seife haben. Port Arthur ist eine bittere Medizin, die nicht leicht einzunehmen ist. Unsere Kanonen sind nicht von Pappe, sondern von Krupp, und wo sie hinschießen, da wächst kein Gras, sondern nur ein mit Fersengeld gefüllter Juliussturm.«
Ich wollte noch etwas fragen, aber Alexejew rief aus: »Es tut mir leid, daß Sie so pressiert sind, ich hätte Ihnen gern noch mancherlei anvertraut. Also — ein andermal.« Nun blieb ihm nicht anderes übrig, als sich zu entfernen.
Vom Strand aus sah ich mir dann die japanische Flotte an, welche auf den Wellen der Ehre umherkreuzt. Dann und wann fällt ein Schuß ins Wasser und zertrümmert den Meeresspiegel, in den eben noch die Sonne geblickt hat, und getroffene Fische erscheinen auf dem Wellen-

schaum und legen sich auf den Rücken, um anzudeuten, daß ihr letztes Sekündlein geschlagen habe. Aber man sieht, wie die Flotte näher und näher rückt, und vielleicht schon morgen werden ihre Kanonen Tod und Verderben auf die Mauer der Festung gähnen. Wahrscheinlich werde ich dann nicht mehr hier zu treffen sein, ich hoffe im Gegenteil, die Stadt verlassen zu haben, die überhaupt leer ist. Alle haben die Flucht ergriffen, die keine Waffen trugen. Namentlich die Frauen und Mädchen, worüber die Soldaten außer sich sind.

Ich möchte nach Wei-hai-wei. Der Name dieser Stadt gefällt mir so. Er paßt auf diesen Krieg wie der Mund Fausts aufs Auge Gretchens, also so, wie irgend etwas anderes gar nicht besser passen kann. Ich erinnere mich aus meiner großen Praxis keines Krieges, in welchem ein so geeignetes Wort aufgetaucht wäre, wie in dem gegenwärtigen das Wort Wei-hai-wei. Alle Großmächte, alle Börsen, alle Zeitungen schreien Wei-hai-wei, und sie werden es so lange schreien, bis dieser Krieg endlich einen Sand finden wird, in welchem er verläuft.

Wann wird dieser Sand gefunden werden, und an welchem Meeresstrand wird er liegen?

O, Wei-hai-wei!

W. Wei-hai-wei, den 11. März 1904

Wie ich in meinem jüngsten Bericht mitteilte, gedachte ich nach Wei-hai-wei zu übersiedeln, und ich habe diese Absicht auch ausgeführt. Nach einer sehr beschwerlichen Reise bin ich hier eingetroffen und habe im »Pechhof« ein mit allen Unbequemlichkeiten der Neuzeit ausgestattetes

Logis gefunden. Wenn wenigstens die Zimmerratten das Ungeziefer vertilgen wollten, dann ginge es noch. Ich sprach mit dem Wirt darüber. »Sie müssen die Ratten auf das Ungeziefer abrichten«, sagte ich zu ihm. Er meinte nun, das hätten ihm schon sechs Gäste geraten, aber sie seien alle verrückt gewesen.

Es ist dies ein neuer Beweis dafür, daß Wei-hai-wei ein Name ist, wie er noch in keinem Krieg meiner langen Praxis passender für das herrschende Elend existiert hat. Hier gedenke ich auch einige Zeit zu bleiben. Hier tritt einem das Elend dieses Krieges überall entgegen, hier wird weder über- noch untertrieben, hier ist alles ehrliches Gejammer *et Gezetera,* dies liegt in der Geschichte der Stadt begründet, welche erst einfach Wei hieß. Aber in allen in Ostasien geführten Kriegen ging es der Stadt Wei sehr schlecht, so daß der Kaiser von China in seiner unendlichen Güte, als sie halb niedergebrannt war und er ihr wieder auf die Beine helfen wollte, ihr den Namen Hai anhing, womit gesagt sein sollte, daß die Stadt als des Meeres Hyäne alles verschlingen möchte, was ihr von Nutzen sein könnte. Wei-Hai bekam aber nichts zu verschlingen, sondern wurde immerfort von Einquartierung, höheren Steuern, einer kleinen Garnison usw. heimgesucht, und so tat der Kaiser, dessen unendliche Güte wirklich noch immer jeder Beschreibung spottete, ein übriges und hing an Wei-Hai noch ein Wei, so daß man, wenn man Wei-Hai sagte, zwar schon ein tiefes Bedauern aussprach, durch das Doppelwei aber eine ganz besondere Ehrung ausdrücken sollte.

In dieser Jammerstadt ist man dem Kriegsschauplatz sehr nahe, man hat Korea vor sich, Port Arthur über sich und kann in kurzer Zeit nach Wladiwostok gelangen,

wenn man ganz sicher von einer der kriegführenden Regierungen umgebracht werden will, ein Eigensinn, den ich mir übrigens nur durch eine gewisse Überspanntheit erklären könnte.
Über die Beschießung von Wladiwostok kann ich Ihnen einige nähere Details mitteilen. Kamimura heißt der japanische Geschwaderkommandant, welcher schon in der Frühe des Sechsten sich mit unsterblichem Lorbeer bedecken wollte. Dem Ehrgeiz schlägt ja keine Stunde; wenn es möglich wäre, so würde er um Mitternacht frühstücken, um eine Stunde später eine Schlacht zu schlagen, welche um acht Uhr morgens auch noch früh genug geschlagen worden wäre. Was tat also Kamimura? Er näherte sich zu einer Zeit, wo der ordentliche Russe noch in den weichen Armen Morpheus' ruht, mit dem japanischen Geschwader dem Hafeneingang und bombardierte ihn. Die Russen erwiderten das Feuer nicht. Ich finde das unhöflich. Namentlich Feuer muß erwidert werden. Wenn ich mich an jemanden mit Kanonenfeuer wende, so handelt es sich um keinen Scherz, auch nicht um etwas Gleichgültiges. Will ich wissen, wie es ihm gehe, so bewerfe ich ihn nicht mit Bomben, und will ich erfahren, wie sich seine Frau befinde, so schleudere ich kein Torpedo auf ihn. Es handelt sich also um eine eminente Unhöflichkeit der Russen, die ganz dazu angetan war, Kamimura unnötig zu reizen. Dieser bombardierte nun vierzig Minuten lang, erklärte dann, Schaden genug angerichtet zu haben, und fuhr davon. Ich kann mir denken, daß man mit dem Schaden ganz zufrieden sein kann, welchen man durch ein vierzigminutenlanges Beschießen mit glühenden oder in anderer Weise verschärften Bomben anrichtet, wenn diese Bomben treffen. Aber die Ja-

paner scheinen ihre Bomben ins Meer geworfen und keinen Schaden angerichtet zu haben; Kamimura hat sich geirrt. Und hier möchte ich alle seekriegführenden Mächte auf einen Übelstand aufmerksam machen, der die Kosten des Seekrieges ganz unnötigerweise vergrößert. Dieser Übelstand ist das Bombardieren des Wassers. Das Geschoß ist ein kostspielig Ding geworden. Von einem einzigen Schuß kann eine zahlreiche Familie, welche allerdings etwas verwöhnt sein und Ansprüche machen muß, monatelang leben. Ich kenne einzelne Schüsse, von deren Zinsen ich leben könnte. Wie oft sah ich auf meinem Berichterstatterposten mit leeren Taschen zu, wie die Kanonen einer Batterie einige Schüsse abgaben, deren ein einziger mir meine Taschen so hätte füllen können, daß sie nicht imstande gewesen wären, alle die Taler zu fassen, mit welchen so ein Schuß in Rechnung gestellt wird. Werden nun solche Schüsse ins Wasser abgegeben, so ist dies um so trauriger, denn die Schüsse sollen doch nun einmal Schaden und Nachteil stiften. Geschosse, welche ins Wasser fallen, haben ihren Beruf verfehlt, und die von ihnen getroffenen und getöteten Fische sind unnütze Opfer, welche nicht einmal wissen, daß der Tod fürs Vaterland rühmlich und süß ist. Es wäre daher zu raten, daß alle Admirale der Flotten den strikten Befehl erhielten, die teuren Geschosse nicht ins Wasser zu schleudern, sondern sie nur, um Schaden zu stiften, abzuschießen.
Ein Seekrieg ist ohnehin schon kostspielig genug, und ein Reich muß es schon sehr sein, wenn es sich oft einen Seekrieg leisten will.
Wozu ihn also nur überflüssigerweise verteuern? Man bombardiere mit Ökonomie, man halte mit dem teuren

Geschoß Haus, man lege dann und wann ein kostbares Geschoß lieber auf die hohe Kante, anstatt es ins Meer zu feuern, und man wird sich den Dank des Vaterlandes erwerben. Ein Seeheld kann auch weit über die Verhältnisse seines Vaterlandes schießen, und dies möchte ich zu verhindern suchen.

W. Chinampo, den 29. März 1904

Wie meine geehrten Leser sehen, bin ich nach Korea geeilt, um in der Nähe der Schatten zu sein, welche die Ereignisse vor sich herwerfen. Ich bin im »Goldenen Mikado« abgestiegen, welches Hotel man sich aber nicht europäisch denken darf. Es gibt keine Betten, und wenn es im Zimmer eine Klingel gäbe, und man klingelte dreimal, so käme dennoch kein Mädchen, sondern auch kein Hausknecht und kein Kellner. Der Gast muß sich jeden Skorpion, den er töten will, mühsam selbst fangen. Korea wird von den Eingeborenen Kaoli oder Kokore, von den Japanern Korai, von den Chinesen Koroli genannt, und das ist schon verdächtig.

Ich werde nicht lange hier bleiben, sondern bald den Kriegsschauplatz aufsuchen, der in der Nähe sich entwikkelt hat. Hier steigen fortwährend japanische Truppen ans Land, welche den Russen entgegenziehen, um sie, wenn irgend möglich, zu vernichten. Gestern gelang es ihnen nicht vollständig. Sechshundert Mann russischer Kavallerie hatten Tschöngju in der Korea-Bai besetzt. Das ließen sich die Japaner nicht zweimal sagen. Sie forderten den Kommandeur der Russen, General Mischtschenko, auf, die Waffen zu strecken. Dieser antwortete stolz: »Kommt und holt sie, und wenn ihr sie habt, so streckt sie, so oft ihr wollt, sie selbst aber zu strecken, fällt mir nicht im Traum ein!« Die Japaner erschossen ihren Boten, der ihnen die schroffe Antwort überbracht hatte, und griffen die Russen an. Nun wogte der Kampf auf und nieder. Jetzt liefen die Russen vor den Japanern nach dem Süden davon, aber im nächsten Augenblick schlugen die Japaner die Russen in die Flucht nach Nordosten. Dann zogen die Japaner in die ummauerte Stadt und erklärten sie für eingenommen. Dann zählten sie ihre Toten und rechneten zwei Leichtverwundete heraus. Ähnlich machten es die Russen. Die Toten als vermißt bedauernd, telegraphierten sie an das Hauptquartier, daß die Streitkräfte sich des besten Wohlseins erfreuten und bereit seien, morgen die Feinde aus Korea in das Meer zu jagen. In Tschöngju fand ein glänzendes Siegesfest statt. Der Mikado, von dem Erfolg telegraphisch unterrichtet, ordnete an, daß seine geliebten Soldaten so viel auf ihr Wohl trinken sollten, wie sie bezahlen könnten, und befahl, den zwei Leichtverwundeten die japanische Nationalhymne vorzusingen. Es wurde Victoria geschossen, und abends wurden die zwei Häuser, welche zwischen den Hütten stehen, festlich erleuchtet. Aber auch die Russen feierten, als sie ihre Flucht beendet hatten, ein großes Siegesfest. Sie telegraphierten an den Kaiser, daß sie den Japanern ein erfolgreiches Rekognoszierungsgefecht geliefert hätten, worauf der Zar dem General Mischtschenko telegraphisch den Titel Nationalheld verlieh. Dann ordnete er an, daß seine Soldaten den nächsten Ort plündern und die Beute auf sein Wohl behalten sollten. Der General bestimmte großmütig Paktschien als diesen nächsten Ort, worauf die Truppen die Flucht nach

diesem Ort wieder aufnahmen, wobei die russische Nationalhymne gesungen und alles niedergemacht wurde, was ihnen entgegenkam.
Auf dieser Halbinsel werden sich nun die ersten erfolgreichen Zusammenstöße zwischen den beiden feindlichen Heeren vollziehen. Daß beide Heere siegen werden, das steht schon heute fest. Es wird mir nicht leicht sein, auch nur eine Mittelniederlage melden zu können. Der eine wird bei jeder Gelegenheit den andern und der andere wieder den einen vernichten. Ein Krieg, so siegreich wie dieser, ist nach meiner Meinung noch nicht geführt worden. Alle Schlachten werden auf beiden Seiten gewonnen, und es wird, so weit das Auge auch nur halbwegs reicht, kein Haupt gefunden werden, auf das einer der Feinde geschlagen wird. Ist irgendwo eine Batterie gestürmt worden, so ist sie von den Japanern und von den Russen zugleich gestürmt, und jede eroberte Fahne ist eine japanische und eine russische zugleich. Wenn eine Schlacht entschieden ist, wird auf beiden Seiten ein markerschütterndes Triumphgeschrei die Luft, aus der es gegriffen ist, erfüllen. Ein merkwürdiger Krieg: alle Haue und alle Stiche werden nicht gehauen und nicht gestochen sein!

Herrn Wippchen in Bernau
Wir erlauben uns, Sie zu bitten, uns regelmäßiger zu schreiben und keine langen Pausen eintreten zu lassen. Gern geben wir zu, daß dem deutschen Publikum die Ereignisse in Ostasien sehr fern liegen und daß eigentlich nur die Börse sich für den Krieg interessiert, weil er einen Einfluß auf die Kurse ausübt. Dennoch darf die Rubrik auch für den Leserkreis außerhalb der Börse nicht län-

ger als acht Tage leerstehen. Denn Krieg ist Krieg, und immer wird auch der fernstliegende die Aufmerksamkeit auf sich lenken. Sie wissen somit, was Sie zu tun haben.

Ergebenst
Die Redaktion

Bernau, den 16. April 1904

Es ist schwer wie ein Amboß, wie aller Anfang und wie der auf Carlos liegende Himmel von Madrid, vielleicht schwerer, es Ihnen recht zu machen. Überschütte ich Ihr Publikum mit Berichten, so überfüttere ich es mit fallenden Würfeln, halte ich es knapp, so sagen Sie mir die Bärenhaut, auf der ich liege, auf den Kopf zu. Ein Lichtblick in Ihrem werten Brief sind die Worte: »Sie wissen somit, was Sie zu tun haben.« Allerdings, das weiß ich, wie der Großinquisitor vor dem Fallen des letzten Vorhangs in dem bereits zitierten ›Carlos‹, nachdem der König ihm gesagt hat: »Tun Sie das Ihre.« Um in diesem Krieg im Lügen, in der Erfindung von Enten, in der Handhabung der Finger, aus denen Ereignisse gesogen, und in dem Einatmen der Luft, aus der die Siege und Niederlagen gegriffen werden, Schritt halten zu können, sowohl mit meinen russischen, als auch mit meinen japanischen Kollegen, übe ich mich jetzt im Lügen und Erfinden. Übung macht den Meister, sage ich mir, und darum lasse ich keine Lüge unversucht. Heute zum Beispiel mahnte mich meine Wirtin um die Märzmiete, da ich ihr das Versprechen abgenommen habe, daß sie mich immer erinnern solle, wenn ich ihr die Miete schuldig sei. Sie ist eine ordentliche Frau und erinnert mich, sooft ich ihr Schuldner bin. Heute nun vertröstete ich sie, indem ich ihr sagte: »Ich werde nächstens eine gute Einnahme haben, da ich für einen Verleger jetzt den Code Napoléon *in Reime bringe.« Sie war entzückt und schwieg vertröstet. Dann ging ich in die Bahnhofsrestauration und erzählte dort den Gästen, der Bundesrat habe, um dem Anwachsen der Ehescheidungen entgegenzuwirken, einen Antrag eingebracht, der Reichstag möge die Einführung der Vielbräuterei beschließen. Der an alles denkende Reichskanzler sei der Ansicht, daß der Mann seine Zukünftige besser kennenlerne, wenn er mit ihr verlobt sei; er habe also Gelegenheit, unter etwa einem Dutzend Bräuten die richtige herauszuwählen, mit der er dann vor den Standesaltar trete, während er, wenn er sich zwölfmal nacheinander verlobe, zu alt würde, falls vielleicht erst die zwölfte die richtige sei. Die anwesenden Gatten waren sehr traurig und lobten das Gesetz, indem sie auf das Wohl des Reichskanzlers einen Mampe tranken. Als ich dann auf dem Heimweg einen alten Bekannten traf, fragte ich ihn, ob er schon gehört habe. »Nein«, antwortete er der Wahrheit gemäß. »Nun«, fuhr ich fort, »die russische Flotte ist vor Port Arthur so unglücklich in die Luft gesprengt worden, daß sie beim Niederfallen die japanische Flotte zerstörte. Infolgedessen ist die Tür nicht weit, vor welcher der Frieden steht.«*

So bilde ich mich allmählich zum besten der lebenden Kriegsberichterstatter heraus. Schon in einigen Tagen werde ich die Enten vom Blatt spielen und die kurzen Beine, welche die Lüge bisher hatte, zu wahren Riesenbeinen verlängert haben. Damit verfolge ich einen ethisch hervorragenden Zweck. Indem ich nämlich die Leser daran gewöhne, mir vertrauensvoll keine Silbe zu glauben und meinen Worten in der zuvorkommendsten Weise Unglauben zu schenken, zwinge ich nicht nur meine Kollegen, sondern auch die russische und japanische Regierung, in Zukunft das Flunkern zu lassen, das Publikum nicht mit aufgebundenen Bären zu ängstigen und ihre Berichte, bevor sie sie veröffentlichen, aus dem Jägerlateinischen in die geliebte Zunge der europäischen Leser zu übersetzen.

Wenn Sie mich schließlich in Ihrem geschätzten Schreiben auf-

fordern, meinen Vorschuß fortan in Mark zu erbitten, so erfülle ich Ihren Wunsch sofort, indem ich Sie um einen solchen von vierzig Mark ersuche. Ich sehe ein, daß Sie im Recht sind, und daß es immer Ihr gutes Recht ist, den Vorschuß in deutscher Reichsmünze einzuzahlen, wie den heutigen von einem halben blauen Schein.

Nach einem schönen Frühlingstag ist es auch hier wieder kalt geworden. Mir kommt es vor, als bekämen wir in diesem Jahr früh Weihnachten.

W. Port Arthur, den 14. April 1904

Wie der Leser sieht, bin ich wieder hier eingetroffen, denn es scheint mir doch, daß sich hier die hohle Wassergasse befindet, in welcher der japanische Tell auf den russischen Geßler lauert, um ihn vom hohen Pferd herunterzuschießen. Aber man darf nicht annehmen, daß damit der letzte Pfeil die Armbrust verlassen wird. Denn gestern war Japan der Tell, morgen wird Rußland der Tell sein. Auf dem ostasiatischen Kriegstheater ist wie auf jedem großen Hoftheater diese Rolle doppelt besetzt, wie es zwei Küßnächte gibt, zu denen beide Geßler unterwegs sind, um sie nicht zu erreichen. Aus diesem Krieg wird keiner der beiden Geßler mit einem Auge davonkommen, das auch nur halbwegs blau sein wird, und wenn die Friedenspfeife in Brand gesteckt ist, wird kein Raucher mehr zum Paffen da sein. Man kennt ja die Geschichte der beiden Löwen, von welchen nur die beiden Schwänze auf dem Kampfplatz übrig blieben.

Der gestrige 13. April ist ein schwarzangestrichener 1. April des russischen Kalenders.

Noch hatte der Hahn nicht ausgekräht, als die japanischen Torpedoboote schon gegen den Hafen demonstrierten, indem sie den Eingang zum Hafen mit jenen unfreundlichen Minen spickten, in welchen nichts Gutes zu lesen ist. Dann vereinigten sie sich mit dem Hauptgeschwader, welches vorging, um die russische Flotte zu bewegen, den Hafen zu verlassen. Das tat sie auch und dampfte ahnungslos auf den Leim. Sie hat es zu bereuen. Das schwer auszusprechende Panzerschiff »Petropawlowsk« stieß auf eine Mine und flog in die frische Morgenluft, mit ihm das gleichfalls nicht leicht zu behaltende Torpedoboot »Straschny«. Man kann sich die Freude der Russen denken, als hier bekanntgemacht wurde, die beiden in die Luft geflogenen Schiffe seien japanische gewesen. Der vorhandene Sekt wurde schon zum Frühstück ausgetrunken. Alles umarmte sich, überall hörte man die Nationalhymne, und wenn es nicht heller Tag gewesen wäre, so hätte man die Stadt von allen vier Ecken illuminiert. Aber bis in die späte Nacht hinein dauerten Jubel und Verjubeln und durchzogen die Kosaken singend die Straßen, fortwährend schreiend: »Nach Tokio!«
Um so schlimmer war der Rückschlag, als dann die Wahrheit bekannt wurde. Das sind die bösen Folge der Ehre, welche man nicht der Wahrheit gibt, und des Dunkels, in welchem man die Öffentlichkeit läßt. Die Bevölkerung ging traurig umher und blickte in die Luft, um zu erforschen, ob nicht wieder ein Schiff in dieselbe flog, und um nicht mit einer neuen Siegesnachricht hintergangen zu werden. »Nun glaube ich an keinen japanischen Panzer mehr, der untergegangen ist«, sagte mir heute ein Port Arthurer in einer Stehwutkihalle, »ich muß den Grund sehen, zu dem er ging. Bis man mir den nicht zeigt, rufe

ich bei jedem russischen Erfolg, den man uns meldet: ›O weh, o weh, die Japaner haben wieder gesiegt!‹«
Nachdem den Russen nun das Licht, hinter das sie durch die falsche Siegesnachricht geführt worden sind, aufgegangen ist, setzen sie ihre Hoffnung auf den Krieg zu Lande. Ihre Hoffnung auf einen entscheidenden Sieg auf dem Wasser ist zu diesem geworden, nun erwarten sie eine Niederlage der Japaner, wenn sie mit den Russen in Korea zusammenstoßen wie ein Zweirad mit einem Automobil, das heißt aufgerieben werden, wie ein Meerrettich zu Kren oder wie Getreide zu Mehl. Dann würde kein Japaner weder das nackte noch das bekleidete Leben retten, um daheim erzählen zu können, wie unbesiegbar der Russe und wie schlecht mit ihm Kirschen essen sei. Nun, da das Wasser, auf dem die Zukunft der Japaner zu liegen scheint, den Russen bis an den Hals geht, erwarten diese das Heil von einer großen Schlacht auf dem Festland. Aber wenn diese von den Japanern gewonnen wird? Das Wetter des Schlachtenglücks ist wendisch. Fortuna wird ja als ein wundervoll gewachsenes Weib dargestellt, aber sie kann auch schief gehen. Wenn du glaubst, sie lächle dir, so hat sie dir den Rücken gedreht oder eine Nase, und sie eilt untreu zu deinem Feind und schenkt ihm ihre Gunst. Die Erfahrung lehrt, daß man die Schlacht nicht vor dem Abend loben darf. Selbst Napoleon glaubte am Mittag, er habe die Schlacht gewonnen, und abends hat er dann nichts geschlagen als eine Brücke über die Beresina. Ich glaube mit Gewißheit annehmen zu können und wiederhole es: aus diesem Krieg wird kein Sieger hervorgehen, beide werden im Gegenteil hervorfliehen und es bedauern, sich auf das teuerste Abenteuer der neuen Geschichte eingelassen zu haben.

Herrn Wippchen in Bernau
Ihre Mitteilung, daß Sie am ersten Mai eine Feier von vier Wochen beginnen wollen, mißfällt uns ungemein. Mitten im Krieg, der jetzt erst an Interesse gewinnt, wollen Sie aufhören. Wir finden das einfach unverantwortlich. Wir ersuchen Sie, uns umgehend zu sagen, ob Sie an Ihrer Ferienidee festhalten, damit wir uns zeitig nach einem Ersatz umschauen, da wir Sie nicht zwingen können, Ihre Tätigkeit fortzusetzen. Bis zum Eintreffen Ihrer Erklärung halten wir auch den Vorschuß zurück, um den Sie uns ersuchen und den wir Ihnen schicken werden, wenn Ihr nächster Bericht eintrifft. Manchmal haben wir denn doch nicht Lust, jeder Ihrer Launen gegenüber die Nachgiebigen zu spielen. Wir würden uns allmählich in die Lage versetzen, nicht mehr redigieren zu können, denn auch die anderen Mitarbeiter unseres Blattes könnten plötzlich beschließen, ebenfalls die Arbeit einzustellen, und wir säßen da mit der Schere und dem Kleister und würden eines Tages den Abonnentenkreis in ein kleines Viereck zusammenschmelzen sehen.
Ihrer werten Antwort entgegensehnend, grüßen wir Sie

ergebenst
Die Redaktion

Bernau, den 30. April 1904

Wenn Sie in dem Augenblick, als ich Ihre Zeilen empfing und las, in mein Zimmer getreten wären, so hätte sich Ihnen ein erschütterndes Schauspiel geboten. Zuvörderst hätten Sie mich nicht erkannt, weil ich so furchtbar fluchte. Ich ließ mich sogar zu dem Ausruf hinreißen: »Steht das wirklich in diesem Brief?« Und er lag zerrissen zu meinen Füßen. Beinahe hätten Sie mich bei Ihrem Eintritt überhaupt nicht getroffen, sondern der Schlag. Man setzt einem Mann, der wie ich den Vorschuß als eines der wichtigsten Verkehrsmittel der Welt verehrt, doch nicht gleich die Pistole auf die Brust und ruft dazu: Schreib oder stirb! Denn wer mir den Vorschuß nimmt, nimmt mir die Waffe, als nähme er einem Tell die Armbrust und somit den Arm und die Brust. Dann bin ich der zu lebenslänglichem Hungerturm verurteilte Ugolino, der alte Moor, dem weder Hermann noch der Rabe lächelt, der Ertrinkende, der den letzten Strohhalm versinken sieht, der dritte Richard, dem sogar ein Königreich fehlt, um es für ein Pferd zu bieten. Nehmen Sie dem Menschen den Vorschuß, und Sie nehmen ihm eine Farbe aus seinem Regenbogen und einen Ton aus seiner Harmonie, und mir speziell hängen Sie den Brotkorb so hoch, daß ich, wenn ich endlich oben bin, das Brot verschimmelt vorfinde. Was bleibt mir also übrig! Ich weiche der Gewalt. Es hieße gegen den Stachel schwimmen oder gegen den Strom löcken, wollte ich meinen Hinterbeinen nicht das Ohr verschließen. Und so sende ich Ihnen denn einen russischen Sieg. Hoffentlich nicht für Ihren geschätzten Papierkorb. Ich denke mir, daß man schon aus Gründen der Höflichkeit einmal den Russen einen Sieg gönnen muß, der ihnen nichts nützt und den Gegnern nichts schadet. Wenn Sie nunmehr den Vorschuß von vierzig Mark abschicken, so erhöhen Sie ihn um zwanzig Mark. Die alte Summe würde mich nur an den Konflikt erinnern, der bestanden hat, und ich möchte ihr dies unmöglich machen. Ich vernarbe eine Wunde, indem ich ein altes Hausmittel dazu verwende.

W. Port Arthur, den 28. April 1904

In einer täglich von feindlichen Geschossen bedrohten Festung zu verweilen, habe ich niemals für angenehm gehalten. Gegen den Kugelregen ist noch kein Schirm erfunden. Die Geschosse prasseln auf die Dächer nieder und dringen in Stube und Kammer, daß man seines Entkommens nicht sicher ist. Ich ziehe es also bei einem Bombardement vor, mich im Freien aufzuhalten, denn hier sieht man das Geschoß doch kommen, und wenn man mit behenden Füßen begabt ist, so kann man beiseite springen. Da ich mich nun viel im Freien aufhalte, so gibt es in Port Arthur kaum eine Seite, zu der ich noch nicht sprang. Man drückt sich, wenn die Bombe kommt. Das wird einem hier nicht als Feigheit angerechnet. Es ist Pflicht der Selbsterhaltung. So ein Bombardement hat schreckliche Momente. Neulich war ich im Theater. Man gab eine schlechte Übersetzung des »Faust«. In dem Augenblick nun, wo Mephistopheles die schwarze Pudelmaske abwirft, begann eine furchtbare Beschießung seitens der japanischen Flotte, und als nun der Teufel als fahrender Scholastikus mit den Worten auftritt »Wozu der Lärm?«, brach natürlich ein Gelächter aus, daß der arme Darsteller nicht weitersprechen konnte. Das Schlimmere aber kam noch. Als Gretchen, aus der Kirche kommend, erschien, hörte man die Kugeln pfeifen, und da dies nun die Schauspielerin persönlich nahm und glaubte, ausgepfiffen zu werden, sank sie derart in Ohnmacht, daß der Vorhang fallen mußte. Nun erschien der Regisseur, entschuldigte die Darstellerin, und nach einer Pause von zehn Minuten wurde die Vorstellung fortgesetzt.

Ich habe ein Gerücht zu widerlegen. In japanischen Zeitungen wird erzählt, wir litten große Not, die Lebensmittel seien so knapp geworden, daß der Hunger- und der Dursttyphus drohten. Das ist unwahr. Wir haben nicht nur alles, was wir brauchen, sondern wir brauchen auch nicht alles, was wir haben. Freilich sind die Preise für

Lebensmittel gestiegen, besonders die von Fischen, da diese durch die ins Wasser fallenden Geschosse verscheucht sind. So kostet eine Portion Aal zehn und ein nur halbwegs saurer Hering zwei Rubel. Ein Hummer, dem bei der Explosion eines japanischen Torpedos eine Schere fortgerissen worden war, wurde von einem reichen Russen zum Andenken an den dem Feind verhängnisvollen Tag für zwanzig Rubel gegessen. Doch handelt es sich hier um Ausnahmen.
In der vorigen Nacht gegen vier Uhr wurde ich von einer Salve geweckt, welche meine Wohnung erschütterte. Da ich aus dem Bett gefallen war, stand ich sofort nochmals auf, zog mich eiligst an und verließ ohne Frühstück, das noch nicht fertig war, das Haus. Ich dachte mir gleich, daß man nicht wissen könne, um was es sich handle, und so war es auch. Am Hafen angelangt, sah ich nichts, und ich hatte mich nicht getäuscht: die vor der Festung liegende japanische Flottille hatte ein Bombardement eröffnet und war infolgedessen derart von Dampfwolken umhüllt, daß von den Zuschauern das Schlimmste befürchtet wurde. Auch von mir. Ein Geschoß nach dem andern flog gegen die Festungsmauern, augenscheinlich mit der Absicht, sie dem Erdboden so gleich wie möglich zu machen. Natürlich antworteten die Geschütze von Port Arthur in ähnlicher Absicht, die japanischen Schiffe dem Hafenboden gleich zu machen. Die Russen schossen vortrefflich. Dieser Ausdruck ist falsch, sie schossen trefflich. Jede Bombe traf, platzte und richtete enormen Schaden an, so daß einige japanische Torpedoboote, auf das Tiefste verletzt, ihr Heil in der Flucht suchten, aber es nicht fanden. Wenigstens wurde eines der Boote von einem russischen Zuckerhut so getroffen, daß es plötzlich

in die Luft flog, wieder herunterkam und nach etwa fünf Minuten unter den aufgeregten Wellen verschwand.

Das Fliegen in die Luft eines Schiffes ist ein grausiges, aber immer interessantes Schauspiel. Das Schiff erhebt sich plötzlich vom Meeresspiegel und fliegt trotz seiner kolossalen Schwere leicht, wie einstudiert, in die Höhe. Hier hält es sich einen Augenblick, um dann den Flug in die Tiefe anzutreten. Das Ganze ist um so erstaunlicher, wenn man bedenkt, wie schwer ein solches Schiff ist. Eine Mücke, ein Maikäfer, ja selbst ein Geier hat es leicht. Im Vergleich mit einem Torpedoboot sind sie, wie man von Spatzen und Adlern ja sagen kann, federleicht. Nun aber denke man sich, man sei im Zoologischen Garten und sehe plötzlich einen Elefanten in die Luft fliegen. Oder ein Kamel. Oder ein Rhinozeros. Und keines dieser drei Tiere ist so schwer wie ein Torpedoboot.

Der Flug des »Mikado« — so hieß das Torpedoboot — war kaum beendet, als in den Russen auch schon der Wunsch erwachte, die ganze gegnerische Flottille in das Element zu senden, welches Goethe die Marie Beaumarchais zweimal rufen läßt. Von den Forts wurden deshalb die Schiffe mit Eisen und Stahl derart überschüttet, daß die Japaner ihre Boote kehrt machen ließen, um das offene Meer zu erreichen, ohne in die Öffnung zu stürzen. Es gelang ihnen. Die Russen aber telegraphierten mit Stolz dem Zaren, daß er sein Haupt mit einem frischen unvergänglichen Lorbeer bedeckt habe. Der Zar antwortete noch gestern abend sehr huldvoll, daß dies geschehen sei, und befahl die Aufstellung seines Reiterdenkmals am Hafenufer. Eines der zu solchem Zweck schon fertigen zweihundert Monumente wird in einigen Tagen in Port Arthur eintreffen. Die Beamten, welche es begleiten, um die Errichtung des Denkmals zu überwachen, sind vom Kriegsminister bereits bestochen worden, damit sie sich nicht extra von dem Kommandanten der Festung für ihre Arbeit bezahlen lassen.

W. Port Arthur, den 13. Mai 1904

Ich bin noch immer hier. Alle meine Bestechungsversuche, welche ich unternahm, um entweichen zu können, scheiterten an der Redlichkeit der Beamten, da ich kein Geld hatte, sondern sie nur durch Zureden veranlassen wollte, mir einen Passierschein zu verschaffen. Aber es fragt sich noch, ob ich selbst mit einem Passierschein durch die feindlichen Linien hindurchkäme, ohne erschossen zu werden. Der Krieg wird mit großer Erbitterung geführt. Die Russen schreiben ihre empfindlichen Niederlagen natürlich dem Verrat zu. Das ist in gewissen Armeen nun einmal so. Wenn der Zivilist in eine Schlägerei gerät und sich mit einer blutenden Nase oder einer schmerzhaften Beule in die Sanitätswache begeben muß, um sich den ersten Verband anlegen zu lassen, so fällt es ihm nicht ein, dem Arzt zu sagen, er sei verraten, sondern er sagt einfach, er sei verhauen. Im Krieg ist das vollständig anders. Keine Armee unterliegt, flieht, streckt die Waffen, wird geschlagen oder zieht sich zurück, sondern sie ist verraten.

Man wird sich in Europa nur schwer mit dem Gedanken vertraut machen können, daß ein Koloß wie Rußland von einem Zwerg wie Japan geworfen wird. Man hat das Recht, von Goliath und David zu sprechen und hinzuzufügen, daß dies eine biblische Ente sei, nur allerdings fragt es sich noch, ob David ein simpler Hirtenknabe war, der wohl die Harfe, aber nicht einen Riesen schlagen konnte, oder ein Lyriker, der so wenig wie Heinrich Heine fähig war, einen Koch oder Eberle zu werfen. Mit einem Wort: ein Pudel wirft keinen Elefanten. Die ganze Historie vom Duell David-Goliath könnte eine Parabel sein, wie so manche Erzählung der Bibel: eine große, solide Firma Goliath wurde von der kleinen, die David hieß, durch Schleudern ruiniert. Keinesfalls hatte man jemals daran gedacht, daß Rußland von Japan in eine Enge getrieben würde, die beispiellos ist. Aber es ist doch geschehen — das kleine Japan hat das große Rußland in diese beispiellose Enge getrieben, in eine Falle, aus welcher herauszukommen Rußland ebenso schwer zu sein scheint, wie dem großen Los aus der Waisentrommel, wenn man darauf wartet.

Wie alles seine Zeit hat, so hat alles seinen Grund. Genau wie die Franzosen im Jahr 1870 statt, wie der Kriegsminister Lebœuf sagte, *Archiprêts* waren, waren es auch die Russen jetzt, nämlich statt *Archiprêts Archi*protzen. Ja, auf dem Papier erzbereit. Als aber dann die russischen Soldaten, Pferde und Kanonen vom Papier ins Feld rücken sollten, da waren die meisten nicht vorhanden, sondern unterschlagen. Sie steckten in den Kassen der Beamten. Und nun reite einmal einer ein unterschlagenes Pferd oder schieße aus einer unterschlagenen Kanone eine unterschlagene Bombe. Auch Munition und Proviant waren nicht geliefert, sondern nur bezahlt, ebenso war das Kanonenfutter kompanieweise ein Fressen für die Armeelieferanten gewesen.

So kam es, daß der kleine David seinen noch kleineren Daumen dem großen Goliath auf das Hühnerauge

drückte, daß der Riese ebenso wild wie seine Flucht wurde.
Man kann sich in Deutschland nicht denken, mit wie vielen Argusaugen hier die Haltung der Bevölkerung beobachtet wird. Die Niederlage am Jalu darf hier nur als Sieg besprochen werden. Kuropatkin hat dem Zaren geschworen, daß Port Arthur von der Landseite uneinnehmbar sei, und so hat der Kommandant dieser Festung, Generalleutnant Stoessel, befohlen, an allen Ecken bekanntzumachen, Port Arthur sei uneinnehmbar. Gestern meinte jemand, er glaube das nicht, denn Lebertran habe er als Kind für uneinnehmbar erklärt, und er habe ihn dennoch eingenommen. Das bekam ihm ebenso schlecht. Er wurde verhaftet, wegen seiner unüberlegten Rede übergelegt und eine Stunde gehauen, ferner mußte er für jeden Schlag einen halben Rubel erlegen, woran man sieht, wie jetzt die Preise für die gewöhnlichsten Lebensmittel gestiegen sind. Ich zweifle gar nicht, daß Kuropatkin nicht leichtsinnig geschworen hat, aber wenn die russischen Heerführer nichts anderes als Schwüre leisten, so wird natürlich die Festung Port Arthur das Schicksal aller belagerten Festungen teilen. Auch Paris und Metz galten für uneinnehmbar und sind doch gefallen wie Schnee und Regen, Kurse und Fliegen, Vorhänge und Preise, Barometer und Mädchen.
Die Japaner sind bei Port Adams und Pitzewo gelandet und bedrohen nun Port Arthur. Der Statthalter Alexejew und Großfürst Boris haben daher die Festung verlassen. Das beweist doch, daß sie von dem Schwur Kuropatkins nicht viel halten. Sie fürchten doch, Kuropatkin könne einen Meinschwur geleistet haben und, wenn Port Arthur fiele, achselzuckend sagen: »Schön, ich habe mich

also geirrt!« Was dann? Dann fielen die beiden hohen Männer in die Hände der Japaner und würden vielleicht nach Tokio gebracht, wo sie dann von der Gnade des Mikado abhingen. Der Mikado soll aber zuweilen nicht so gut wie die Schminke seiner Favoritinnen aufgelegt sein, und dann ist sein Name nicht sicher, unter das Todesurteil seiner Gegner gesetzt zu werden. Man ist in Ostasien nicht so sentimental wie etwa in Europa. Man macht in Ostasien einen Feind einen Kopf kürzer, während man einen solchen in Europa womöglich gern einen Kopf länger machte, wenigstens behandelt man ihn wie einen Freund, erweist ihm Ehren aller Art, gibt ihm ein Schloß und richtet ihn ein statt hin, wie wir dies ja mit Napoleon dem Dritten erlebt haben.
Nicht lange mehr, und Port Arthur ist auf dem Land und auf dem Meer belagert. Wir werden nicht nur beschossen, sondern auch ausgehungert und ausgedurstet werden. Gelingt es mir nicht zu fliehen, so werde ich vielleicht dem Schicksal aller Belagerten verfallen, meine Nahrung in Hundehütten, Katzenwinkeln und Rattenfallen zu suchen. Es ist nur sehr merkwürdig, daß sich in keinem unserer Kochbücher Rezepte finden, nach denen ein Diner aus den genannten Haustieren zu bereiten wäre. Dies ist höchst merkwürdig. Fortwährend finden in der Welt Belagerungen statt, aber es fehlt noch ein Kochbuch für die Belagerten, die doch essen wollen. Und ein solches Kochbuch ist doch wichtiger als irgendein anderes. Selbst in Festungen findet man solches Werk nicht, wenn man es sucht.
In einer Buchhandlung erkundigte ich mich, ob ich nicht ein Buch über Rattenkochkunst haben könne. Man antwortete mir, ich sei betrunken, wonach ich gar nicht

gefragt hatte. Auch in meinem Hotel hat man keine Ahnung von einem Katzenfilet, einem Hundeweißsauer, einer gefüllten Ratte, einer Pudelsuppe, einer Katerlette, um nicht Katerkotelette zu sagen, usw. Das Pferdefleisch nimmt doch schließlich ein Ende, und fortwährend das Pferd auf den Speisekarten zu finden, ist doch ein *Toujours perdrix,* wie es nicht perdrider gedacht werden kann. Es ist sehr merkwürdig, daß man diese vitale Frage immer erst ernst nimmt, wenn es zu spät, wenn die Notwendigkeit da ist, zur Ratte als zu einem Strohhalm zu greifen oder, wie der Teufel in der Not mit Fliegen, mit einem Köter den Hunger zu stillen, für den man vielleicht erst gestern die Hundesteuer für ein Quartal vorausbezahlt hat. So sprach ich vor einigen Tagen in einem Restaurant, in welchem man auch Karten spielt, mit mehreren Spielern über diesen Gegenstand. Und was antwortet mir einer aus dieser Gesellschaft ärgerlich?
»Aber stören Sie uns doch nicht in unserm Skat! Wenn erst die Belagerung so weit ist, daß uns nur noch die Ratte übrig bleibt, dann schlachten wir die Kiebitze, die uns schon lange im Wege sind. — Wer gibt?«
Um nicht den kürzeren ziehen zu müssen, ging ich. Aber die Frage ist und bleibt eine brennende.

Bemerkung der Redaktion: *Diesem Bericht unseres verehrten Korrespondenten lag eine Privatnotiz bei, die wir der Vollständigkeit wegen mitteilen. Sie lautet:*

Sollte Port Arthur fallen, so wird der Festungskommandant natürlich die betreffende Depesche an Sie nicht expedieren lassen. Ich werde also in diesem Fall drahten: »Ich bitte um einen Vorschuß von zwanzig Rubeln.

Wippchen.« Sie schicken mir dann sofort diese Summe und verkündigen die Übergabe Port Arthurs in einem Extrablatt.

W. Mukden, den 27. Mai 1904

Ich kann wohl sagen: Wem Gott nicht will rechte Gunst erweisen, den schickt er von Port Arthur nach Mukden. Das war ein Gefahre voll Gefahren, von denen sich die Schulweisheit keines Horatios, der dies liest, nichts träumen läßt. Ich weiß heute noch nicht, ob ich dem blauen Auge trauen soll, mit welchem ich wie durch ein Wunder davonkam. Manchmal hörte ich bedenklich nahe das Gras wachsen, in das ich hätte beißen müssen, wenn ich nicht das Glück gehabt haben würde, jedesmal wieder den Kopf aus der Schlinge ziehen zu können. Es gehen da zwei barbarische Armeen aufeinander los. Russen und Japaner schlagen mit Passion Menschen tot. Das macht ihnen Freude wie uns europäischen Völkern das Geburtstagfeiern. Was ist jenen ein Menschenleben? Sie blasen das Lebenslicht wie einen Hobel aus. Keiner dieser Barbaren hat »Wallensteins Lager« gelesen. Wenn man sie nach diesem Meisterwerke fragte, so würden sie sagen: »Ein solches Warenhaus gibt es bei uns nicht.« Aber die Worte des Zweiten Jägers »Der Krieg hat kein Erbarmen« unterschreiben sie alle, obschon dies die wenigsten können. Statt Lesen, Schreiben und Rechnen haben sie Morden, Sengen und Brennen gelernt. Endlich kam ich leidlich erhalten in Mukden an. Mit größter Mühe fand ich in einem Ausspann, »Zum Goldenen Torpedo«, ein Zimmerchen, welches doch so groß war, daß etliche tausend Wanzen bequem darin wohnen konnten.

Fortwährend landen japanische Truppen, die nach Port Arthur marschieren. Vor einigen Tagen wieder fünfzigtausend Mann. Auf ihrem Marsch werden sie von den Kosaken, die ja als Spaßverderber berüchtigt sind, fortwährend aufgehalten. So in der Nacht auf den Einundzwanzigsten. Da passierte es, daß weder die Japaner noch die Russen die Hand vor Augen sehen konnten. Die Folge war, daß beide sich selbst beschossen, und als es hell wurde, stellte sich heraus, daß sie sich über die eigenen Haufen geschossen hatten. Es war eine Schlacht unter Brüdern. Die Russen zogen ihren Toten japanische und die Japaner den ihrigen russische Uniformen an, und so endete diese unglückliche Nacht zu aller Zufriedenheit, so daß am Zweiundzwanzigsten mittags hier und in Tokio Victoria geschossen werden konnte. Viel Lärm um nichts und des Hasses Müh umsonst! Fast shakespearisch! Dieses ewige Victoriaschießen ist nachgerade im höchsten Grade diskreditiert. Ich weiß aus bester Quelle — ich habe das Stubenmädchen durch Bestechung bewogen, mir ihr Herz zu schenken und keine Geheimnisse vor mir zu haben —, daß man in St. Petersburg beim Victoriaschießen ganz verzweifelt fragend ausruft: »Donnerwetter, haben wir schon wieder Haue bekommen?« Es ist ja erklärlich, daß man dies nicht bejahend kanonieren will und die Niederlage deshalb mit dem Siegel des Victoriaschießens bedeckt. Und dies wird sich auch nicht ändern, bis das Victisschießen eingeführt sein wird. Also niemals.

Die Nachricht, daß Rußland zwei Millionen Mann mobil machen wird, um den Krieg zu beenden, hat nicht die Wirkung hervorgebracht, die sich Rußland von ihr versprochen. Sie kommt den Japanern japanisch vor. Bis von

diesen zwei Millionen auch nur die bessere Hälfte, nicht zu verwechseln mit der gleichnamigen Gattin, ins Feld rücken kann, hat sich der Japaner längst in den Pelz Port Arthurs gesetzt. Abgesehen von allem, wie will Rußland zwei Millionen Mann in dem Land eines Feindes ernähren, der nach russischer eigener Überzeugung ihm nicht das Wasser reicht! Von den Enten, welche die russischen Behörden jetzt über den Gang der Ereignisse in die Welt setzen, kann eine Armee nicht leben, und wenn alle diese mobilgemachten Russen Eisenfresser wären, so viel Eisen gäbe es in der ganzen Welt nicht, um diese Soldaten auch nur eine Woche lang zu sättigen.
Vorläufig liegt für die Russen nicht nur auf dem Land, sondern auch auf dem Wasser wenig Zukunft.

W. Mukden, den 10. Juni 1904

Es ist das gute Recht des Kriegsberichterstatters, in den Tagen eines Sommerfeldzuges matt zu sein, wie die Seele der Geliebten Ferdinands, obschon ich nicht daran denke, mich auf eine Stufe mit der Limonade oder irgendeinem anderen Getränk zu stellen. Ich will mich von den Strapazen der Berichterstattung zu erholen suchen, indem ich einen Schleier lüfte, mich also einer historischen Arbeit widme. Die Vergangenheit aller Völker ist reich an Schleiern. Es gibt kein Volk, dessen Vorzeit nicht verschleiert ist. Diese Schleier sind von der Sage und der Fabel gewoben, und wie das ganze Menschengeschlecht nichts von seiner Wiege weiß, so weiß kein Volk etwas von seinem Ursprung. Und doch muß ein Ursprung vorhanden sein. Kein Volk fällt aus den Wolken wie ein Erstaunter oder wie Regen, Schnee oder wie ein anderes unfreundliches Wetter, kein Volk ist aus der Erde gestampft oder in der flachen Hand gewachsen, wie der König Karl in der Jungfrau sagt, welche durch diese Quellenangabe nicht beleidigt sein kann. Ein Volk ist aus dem andern hervorgegangen. Das ist festzuhalten wie ein auf frischer Tat ertappter Einbrecher.

Japan hat in der letzten Zeit einen mächtigen Aufschwung genommen. Daß die Japaner Einwanderer sind, das steht fest. Man fragt also: Woher sind die Japaner gekommen? Und ich glaube, diese brennende Frage auf ihren Herd beschränken zu können, indem ich antworte: Die Japaner sind Nachkommen der Juden.

Das ist nun zwar so leicht gesagt wie eine Bettfeder, ein Quentchen oder ein Haar, aber es wird nicht schwer sein, es zu beweisen.

Mehrere der zwölf Stämme der Juden sind verschollen. Was heißt: verschollen? Verschwunden. Aber Völkerstämme können nicht verschwinden wie ein Kassenbeamter, ein Liebespaar, ein Gefangener. Völkerstämme lassen sich irgendwo anders nieder, wo es ihnen besser gefällt, und sagen: Hier habe ich mein *Ubi* gefunden, hier ist mein *Ibi*. So können denn auch die verschollenen jüdischen Stämme nicht wie von den Trompeten Jerichos völlig weggeblasen sein, sondern sie waren fortgezogen, um nach Jahrtausenden, oder wohl auch noch früher, wieder in die Erscheinung zu treten. Sie haben sich dann sehr verändert, reden eine andere Zunge, haben ihre Farbe und ihre Sitten gewechselt, aber sie sind dennoch diese verschollenen Stämme. Alles deutet nun daraufhin, daß die Japaner diese verschollenen Stämme Israels sind. Ich will etliche Beweise dafür bringen.

Es ist den Russen aufgefallen, daß sie täglich mit alleiniger Ausnahme der Sonnabende gehauen wurden. So angenehm ihnen diese Entdeckung war, so erstaunten sie auch, als ihnen mitgeteilt wurde, daß es den Japanern verboten sei, am Sonnabend zu arbeiten, wozu sie auch das Flechten von Lorbeerkränzen, das Pflücken von Siegespalmen und das Bemühen, einen Feind aufs Haupt zu schlagen, rechnen. Ganz wie die Juden, welche am Sonnabend die Hände in den Schoß legen und höchstens zum Reden gebrauchen, ebenso die Füße, welche der strenggläubige Jude am Sonnabend nicht dazu verwenden darf, große Wege zurückzulegen, was aber im Krieg nicht zu vermeiden wäre, wenn der fliehende Feind verfolgt wird.
Sehr auffallend ist die Bemerkung des Konversations-Brockhauses in seinem Artikel Japan: »Schweine werden nur für den Gebrauch der Ausländer gezüchtet.« Der Japaner ißt also kein Schwein, sondern hat es nur, und zwar zum Leidwesen der Russen. Ich weiß nicht, ob ich es war, der den Satz gesprochen hat: »Sag mir jeder, was er nicht ißt, und ich will dir sagen, was du bist«, und ich könnte jetzt hinzufügen: »Im Schwein ist Wahrheit.« Indem der Japaner dem Schwein den Charakter als Genußtier abspricht, ist es offenbar, daß er dem Speisezettel der Stämme Israels treu geblieben ist.
Ich muß noch weiter darauf hinweisen, daß die chinesische und die japanische Sprache Verwandte sind, wenn auch, wie viele Verwandte, feindselige und unangenehme. Der Name der Stadt Wei-hai-wei ist nun entschieden jüdischen Ursprungs. Dies dürfte wohl auch allgemein unbekannt sein, aber dem Kenner des jüdischen Büchmann, der noch zu schreiben sein wird, ist ohne Zweifel der Ausruf ›Eiweih‹! ziemlich ohrgerecht, wenn

er ihn an Stelle eines ›Achherjeh!‹ oder ›O, du meine Güte!‹ laut werden hört. Man darf also annehmen, daß die Japaner auf ihrem Zug nach dem Inselreich eine Stadt gegründet haben, die ihnen viel Schweiß gekostet hat, weshalb beim Aufbau häufig ›Eiweih!‹ ausgerufen worden sein mag, wie etwa bei der Gründung der Stadt Weimar, bei der man damals doch noch nicht die spätere klassische Bedeutung ahnen konnte und deshalb den zitierten Ausruf nicht zu unterdrücken brauchte.
Mehr als alles aber spricht für die jüdische Abstammung der Japaner der Haß, mit welchem sie an den Russen hängen. Man braucht nur, wie Karpeles schreibt, einen Blick in das japanische Regierungsblatt »Tschuwo« (lies: Antwort, auch Buße) zu tun, um zu begreifen, wie unmöglich es war, den japanischen Mars im Keim zu ersticken. Der russische Barbar war auch zugleich der Barbier, der die Juden nie ungeschoren ließ, das heißt, sie immer zwickte, während die orthodoxen Juden sich lieber selbst zwicken, das Scheren aber für verboten erachten. Man braucht nur an Kischinew zu denken, woselbst die Russen wie die wilden Pückler gehaust haben. David Mikado zog gegen den Moskowüterich Goliath aus und wird ihm vor Port Arthur zeigen, was eine Schleuder ist.
Allmählich fangen auch die Russen an, zu der Einsicht zu gelangen, daß es falsch war, durch ihre Judenverfolgungen die Japaner zu reizen, und allgemein herrscht unter ihnen die Ansicht, daß die Japaner sich mit ihrem Sieg nur so beeilen, weil sie wünschen, das Neujahrsfest (10. und 11. September), den Versöhnungstag (19. September) und das Laubhüttenfest (vom 24. September bis 1. Oktober) in der Heimat zu feiern.
Der Fall Port Arthurs steht bevor. Wäre dies nicht der

Fall, so würde ich es nicht sagen. Festungen, welche belagert werden, fallen wie die Fliegen.
Nach dem Fall Port Arthurs wird der Krieg ein Ende nehmen. Wenn die Japaner Port Arthur haben, so haben sie die Mandschurei. Dann werden die Russen noch eine große Feldschlacht zu schlagen versuchen, und diese wird das zweite Ende sein. Dann wird Rußland erklären, Japan sei aufs Tiefste gedemütigt, die japanische Armee sei aufgerieben, es wird in allen Residenzen des Zaren derart Victoria geschossen, daß niemand in dem entstehenden Pulverdampf die Hand wird vor Augen sehen können, und in allen Kirchen werden Dankgottesdienste zur Feier des Sieges stattfinden. Japan aber wird zufrieden sein und die Faust, mit der es Rußland niedergeschlagen hat, in ein Fäustchen verwandeln, in das es lacht.

Herrn Wippchen in Bernau
Ihre freundliche Erstürmung Port Arthurs durch die Japaner ist doch etwas verfrüht. Wir senden Ihnen Ihr Manuskript hiermit zurück, indem wir Sie bitten, es uns mit einer wesentlichen Änderung zurückzusenden. Wir halten es für nötig, daß Sie die Erzählung von den Gänsen, welche die Russen für den Fall eines plötzlichen nächtlichen Überfalls auf den Festungsmauern umherlaufen ließen, fortstreichen und durch eine andere Geschichte ersetzen. Zwar wecken bei Ihnen die Gänse durch ihr Schnattern die Wachen, wie die auf dem Kapitol, und die Festung wird trotzdem erobert, aber Sie erinnern denn doch mit Ihrer Erzählung zu lebhaft an die bekannte Episode der Erstürmung des Kapitols durch die Gallier, und derlei kindische Geschichten können wir denn doch nicht unseren Lesern auftischen.

Wir finden nun in den Zeitungen die Mitteilung, Rußland beklage sich über die von den Japanern begangenen Grausamkeiten. Würden Sie so freundlich sein, in dieser Angelegenheit das Wort zu ergreifen? Es wäre uns sehr willkommen, wenn Sie uns rasch etwas nach dieser Richtung hin aufklärendes Material senden würden.

Ergebenst
Die Redaktion

Bernau, den 2. Juli 1904

Mit einer an Fanatismus grenzenden Nachgiebigkeit, wobei ich nicht denke, daß der Klügere so dumm ist, nachzugeben, habe ich meinen letzten Bericht, die Erstürmung, Einnahme und Schleifung der Festung Port Arthur, entgänst. Ich strich die Gänse heraus. Was haben Sie nur gegen diesen nützlichen und harmlosen Vogel? Wenn eine vielschwatzende Frau, ohne es zu wollen, Sie an das Ewigschnatternde erinnert, so können Sie dies doch nicht den Gänsen in die Schuhe schieben. Es gibt allerdings schönere Vögel, ich gebe es zu, die Gans ist keine Venus. Das Rebhuhn und der Fasan sind schön und können, wenn sie nicht zu teuer sind, eine Augen-, nicht lediglich eine Gaumenweide sein. Der Adler ist imposanter und mit Recht stolz, als wisse er, daß die Menschen ihn den Gefiederkönig nennen, aber wir werden doch niemals durch eine mit Adlerschmalz belegte Stulle eine mit Gänsefett belegte in den Schatten essen können. Ich war daher nicht wenig erstaunt, als Sie etwas gegen meine Gänse des Kapitols, die ich nach Port Arthur versetzte, einzuwenden hatten. Diese Gänse sind bekanntlich doppelt geflügelte Vögel, als Vögel und als die Retterinnen des Kapitols. Niemandem ist es bis jetzt eingefallen, sie in ihrer letzteren Eigenschaft als Enten zu erklären. Sie haben die Wachen der Römer aus dem Schlaf geschnattert, was ja sehr

natürlich ist, denn auch Sie haben wohl noch in keiner Gesellschaft schlafen können, wenn eine Frau anwesend war, deren Mund wie derjenige Körperteil, ohne den die Enten nicht leben könnten, nicht stillsteht. Ich sagte mir also: hat sich die Gans in der historischen Kriegsgeschichte schon als mitwirkend bewährt, so kann sie dies auch ein zweites Mal. »Alles wiederholt sich nur im Leben«, sagt Schiller, dem Sie doch nicht den Vorwurf machen können, daß er die Unwahrheit sage, und wenn Hegel erklärt, »Alles, was ist, ist vernünftig«, also auch die Gans, warum soll die Gans nicht wiederholt vernünftig sein? Sie haben also meinem Bericht Unrecht getan. — Um die Gans nicht totzureiten, wollen wir sie zu den Akten legen. Aber bei dieser Gelegenheit fällt mir ein, wie oft die Ähnlichkeit der Wörter Kapital und Kapitol zu Scherzen Veranlassung gab. Es ist ja das A und O der Anekdotenschmiede, daß sie das Naheliegende ergreifen. Mich allerdings stimmt es nicht heiter, wenn ich das Wort Kapital lese, höre oder schreibe, denn mir fehlt es. So bitte ich denn um einen so kleinen Vorschuß, daß es Ihnen ein Leichtes sein wird, ihn zu verdoppeln, also im ganzen um fünfzig Mark.
Beigehend die gewünschten Grausamkeiten der Japaner.

W. Mukden, den 1. Juli 1904

Noch immer bin ich hier, da das Reisen mit den blutigsten Gefahren verknüpft ist. Man bekommt eine Kugel, mit der man nichts anzufangen weiß, und hat sie sich selbst zuzuschreiben.
Wenn namentlich in diesem Augenblick in den vom Kriegsschauplatz eintreffenden Berichten vielfach der Lüge die Ehre gegeben wird, so steht doch so viel fest, daß die japanische Armee tüchtig vorschreitet, während nach dem ewigen Hin und Her das russische Heer hin ist. So

betrachtet, ist die Lage die, daß, wenn die Russen in der erwarteten Hauptschlacht aufs Haupt geschlagen werden, der blutige Mars sich seinem Ende zuneigen wird.
Mittlerweile sind auf russischer Seite Klagen über die Grausamkeiten der Japaner laut geworden, welche ich nicht mit dem Mantel des Schweigens bedecken kann. Denn ich trage solchen Mantel schon aus dem Grund nicht, weil es in einer wichtigen Streitsache, wie dies der Krieg doch leider ist, nicht die Aufgabe des Mundes sein kann, sich halten zu lassen.
Vor allem: der Krieg ist kein Kinderspiel. Mars' Zukunft liegt auch in unserer zivilisierten Zeit nicht auf dem Rosenöl, Kriegserklärungen werden nicht auf Rosenblättern geschrieben. »Nun soll es an ein Schädelspalten«, sagt Valentin im »Faust« und wird erstochen. Wenn sich zwei Nationen in die Haare geraten, so tun sie es nicht, um sie sich gegenseitig zu frisieren, sondern um sie sich zu sträuben. Krieg kommt von kriegen: Haue kriegen, es mit der Angst kriegen, sein Fett kriegen, den Feind wollen wir schon kriegen und, da manchen Ehen der Friede fehlt, sich kriegen. Wenn ein Volk dem andern den Handschuh zuwirft, so geschieht dies nicht mit Glacéhandschuhen. Mit dem Handschuh werden auch die Gesetze der Menschlichkeit aufgehoben. Ich kann Cicero nur recht geben, wenn er sagte: *Silent leges* (im Lärm der Waffen) *inter arma* (schweigen die Gesetze). Wenn die Kanonen Blei oder Unheil gähnen, ist dies ein Beweis, daß ihnen die Humanität langweilig ist. Da hilft kein Maulspitzen, sagt die Kugel, es muß gepfiffen sein, und sie pfeift so unbarmherzig, als werde ein schlechtes Stück aufgeführt, und wo sie einen Menschen trifft, da wächst kein Gras, obschon der Getroffene hineinbeißt. Natürlich

ist dies grausam, aber nicht zu ändern. Ich muß gestehen, wenn man die Russen hört, so ist viel Wahres in ihrem Vorwurf der japanischen Grausamkeit. Heute sprach ich über diesen Gegenstand mit einem hohen russischen Beamten, der pensioniert ist und von den Zinsen der an ihm begangenen Bestechungen lebt. Ich nenne seinen Namen nicht, da er ihn ja kennt und ich ihn vergessen habe, eine Diskretion, die mir Ehrensache zu sein scheint.
»Ist es nicht schon eine Grausamkeit«, begann er, »daß die Japaner so viele Russen gezwungen haben, Vater und Mutter zu verlassen und sich den Gefahren der Kugeln auszusetzen, welche von allen Seiten der japanischen Schlachtlinie auf sie eindringen? Sagen Sie: jawohl, oder ich kenne meine Knute nicht vor Wut.«
»Jawohl«, sagte ich.
»Mit einer grausamen Raffiniertheit, für die mir die Worte fehlen, sprengen sie unsere Schiffe in die Luft. Was soll das? Was haben unsere Schiffe in der Luft zu tun? Schiffe gehören aufs Wasser. Unsere Flotte besteht nicht aus Luftschiffen. Es ist wahrhaft empörend, mit welcher Hinterlist Minen ins Wasser gelegt sind. Es sind Minen, die zu dem bösen Spiel passen. Es ist eine Gemeinheit. Geben Sie mir recht, oder ich werfe Sie hinaus.«
Ich gab ihm recht.
»Wenn Sie unsere Artilleristen kennen würden! Arme Leute, welche nichts haben als ihr Geschütz, mit dem sie ihr Vaterland für einen schäbigen Sold verteidigen. Was tun nun die grausamen Japaner? Aus dem hintersten Halt stürmen sie hervor und nehmen den armen Leuten die Kanone ab! Nun stehen die Artilleristen ohne Kanone da und obendrein in einem fremden Land, dessen Sprache sie nicht kennen, und sie haben nichts ande-

res gelernt, wodurch sie sich ernähren könnten. Sie können nicht lesen, nicht schreiben, sondern nur kanonieren. ›Laß sie betteln gehn, wenn sie hungrig sind!‹ Heißt das nicht die Unmenschlichkeit auf eine mit ewigem Schnee bedeckte Spitze treiben? Sagen Sie: jawohl, oder Ihr letztes Stündlein schlägt sofort.«

»Jawohl«, sagte ich.

»Und nun unsere Pferde. Es sind harmlose Tiere, wie alle anderen Pferde, krümmen keinem Reiter ein Haar und sind zufrieden, wenn sie ihr Futter pünktlich kriegen. Gütiger Zar, wie grausam werden sie von den Japanern behandelt! Die Japaner schießen ihnen eine Kugel in den Leib, als ob sie jagdbares Wild wären. Würde es Ihnen einfallen, auf ein Haustier zu schießen, auf Hunde, Katzen, Hummer, Karpfen, Kanarienvögel? Nun, so harmlos sind auch unsere Pferde. Ist der Japaner nicht ein Barbar, ein Vandale, ein Kannibale? Sagen Sie: unbedingt, oder ich denunziere Sie, daß Sie den Zaren beleidigt haben, und Sie müssen morgen nach Sibirien.«

»Unbedingt«, sagte ich.

»Jetzt wollen diese grausamen Burschen Port Arthur dem Erdboden gleichmachen. Denken Sie sich: dem Erdboden. Sie wollen diese Festung umzingeln und so aushungern, daß kein Wutki mehr vorhanden sein wird. Und wenn sich das die Garnison nicht gefallen lassen will, so wird diese Festung dem Erdboden gleichgemacht. Ich wiederhole: dem Erdboden. Wird Europa dies ruhig mitansehen können, wird der Erdboden sich nicht gegen solche Grausamkeiten aufbäumen? Gibt es ein grausameres Volk als dieses japanische? Sagen Sie: nein, oder Sie fliegen die Treppe hinunter.«

»Nein«, sagte ich.

W. Taschitschiao, den 30. Juli 1904

Ich falle mit der Tür in den Bericht. Ich sehe nicht ein, aus welchem Grund ich mit Hilfe meines Herzens die große Zahl der Mördergruben um eine vermehren sollte. Ich will meiner Leber die Ehre erweisen, frei von ihr zu sprechen, und meinen Lesern mitteilen, daß ich der Gewalt weiche.

Sie fragen mich, lieber Leser, was ich beabsichtige? Nun, ich mache diesem unheilvollen Krieg ein Ende.

Ich ergreife die Pforte des Janustempels und werfe sie zu. Die Kriegsdrommete lege ich beiseite. Ich könnte sie nur noch zum Trübsalblasen benutzen.

Meine Bemühungen, klar zu sehen, sind umsonst. Die Japaner schlagen die Russen, daß man sie eine Sadistenarmee nennen könnte. Aber wenn dies geschehen ist, so setzt sich General Kuropatkin nieder und schreibt dem Zaren, er habe den Feind in eine Flucht geschlagen, deren Wildheit ihm Schrecken einflöße. Die Niederlage, welche er den Japanern bereitet habe, sei so groß, daß ihm für solche Größe der Maßstab fehle. Die armen Japaner bedeckten derart das Schlachtfeld, daß vom Schlachtfeld überhaupt nichts mehr zu sehen sei.

Die Wahrheit ist, daß die Flucht, in die die Japaner geschlagen worden sein sollen, gar nicht vorhanden ist. Ich habe der Schlacht am vierundzwanzigsten beigewohnt. Die Japaner gingen nach einem zwölfstündigen Artilleriefeuer vor und vertrieben die Russen aus ihren festen Stellungen. Natürlich avancierte auch ich. Was lese ich nun? Die Japaner nahmen Reißaus. Also müßte ich doch gleichfalls so viel Fersengeld bezahlt haben, daß ich

keinen Pfennig mehr in der Tasche hätte. Ich kann, dieses lesend, nur ein lautes Lächeln aufschlagen. Als ob ich nicht wüßte, ob ich vorwärts- oder zurückgegangen sei! Ich bin vorwärts gegangen, nicht zurück wie ein Krebs, bin nicht ausgerissen wie ein hohler Zahn. Wenn das letztere der Fall wäre, so würde ich es sagen, so würde es mir nicht einfallen, das Gegenteil zu behaupten. Wir waren den Russen auf den Hacken, und General Kuropatkin leugnete einfach diese Hacken. Ja, muß ich mich fragen, waren denn das nicht die Hacken der russischen Armee, was war denn das sonst? Hacken sind Hacken, und kein Kuropatkin kann mir einreden, daß sie etwas anderes als Hacken waren.
Ähnliches erlebe ich bei den Japanern. Wenn wir vor den Russen zurückweichen, so lese ich in dem Bericht an den Mikado, daß wir das Gegenteil getan haben. Dann steht mein Verstand still und fragt sich: Bin ich etwa der Verstand, den ein vernünftiger Mensch verloren hat? Nein, antworte ich ihm, du bist mein Verstand, ich habe mit den Japanern den Russen den Rücken und keinen anderen Körperteil gekehrt, ich bin der Übermacht mit gewichen, um den Haufen zu vermeiden, über den mich die Russen jedesmal mit gerannt hätten, wenn ich länger standgehalten haben würde. Mit jedem Japaner, der vor dem Feind gestanden, hatte ich mir gesagt: hier ist meines Bleibens nicht, fort von hier, wo mich jeden Augenblick eine russische Kugel wie ein talentloser Maler treffen kann, nämlich so, daß ich nicht zu erkennen bin und jeder Freund ausrufen wird: »Sehr ähnlich! Wer ist das?« Und so suchte ich denn mein Heil so lange in der Flucht, bis ich es fand. Das ist die volle Wahrheit, während ich aus dem Bericht an den Mikado erfahre, daß ich mit den

Japanern einen großen Sieg über die Russen davongetragen habe. Das will ich nicht mehr mitmachen. Ich will um keinen Preis mehr über einen Sieg der Japaner berichten, der dem Kaiser von Rußland als Niederlage der Japaner gemeldet wird, und ich will auch nicht mehr einen Sieg der Russen beschreiben, welcher an den Mikado als Niederlage der Russen telegraphiert wird.
Ich muß ganz offen eingestehen, daß mir der Zar und der Mikado leid tun. Keinesfalls ist es anständig, zwei Herrschern, welche keine Zeit haben, persönlich an die Spitze ihrer Armee zu treten, so viele Ickse für Uhs vorzumachen, daß sie kaum etwas anderes als Ickse sehen. Man stelle sich einen mächtigen Herrscher vor, der von seinem Kommandierenden General, den er mit Ehren, Geld und Orden überhäuft, einen Brief erhält, in dem er Worte liest wie: »Xntertänigst. Mxtig xnd voll Xngedxld. Xnser Verlxst ist nxr xnbedextend. Wir schlxgen die Rxssen in die Flxcht« oder: »Die Japaner xnterlagen.« Wie ich höre, sollen die bezeichneten Herrscher ihren Heerführern bei Strafe lebenslänglicher Enthauptung befohlen haben, künftig ihren Fingern, aus denen sie ihre Berichte saugen, nicht mehr freien Lauf zu lassen, sondern den Herrschern wenigstens dann und wann etwas vorzuwahrheiten und sich so das Flunkern allmählich abzugewöhnen. Der Zar soll gesagt haben: »Nun schön, ich will es Kuropatkin ja gern erlauben, hier und da der Unwahrheit die Ehre zu geben, dann und wann mag ja der Becher, in dessen Wein sich keine Wahrheit befindet, überschäumen, aber wenn er mir immer das Blaue vom Himmel herunterberichtet, so kann es mir doch kein Ersatz sein, daß er selbst fortwährend von den Japanern durchgebläut wird.« So wird mir heute von einem höheren japanischen Offizier

erzählt, der aber selbst gern lügt. Seine Worte sind also mit der Mutter der Weisheit aufzunehmen.
Auch dem Mikado wird viel nach wie vorgelogen. Er ist zwar bedeutend strenger als der Zar, und wenn er die kurzen Beine, welche die Lügen haben, auf sich zukommen sieht, so kennt sein Zorn nichts so genau wie keine Grenzen. Auf der anderen Seite aber liest er gern, daß seine Armee fortwährend siegt, wenn er auch weiß, daß das Licht, hinter das er genasführt wird, den dunklen Punkt des betreffenden Berichts bildet. Das wissen seine Generäle nur zu gut, und darum lügen sie denn den Vater aller Enten, den Freiherrn von Münchhausen, nach Kräften in den Schatten.
Alsbald fängt dann der Mikado das Ordensverleihen an, so daß mancher Heerführer keinen Platz mehr auf der Brust hat, die Auszeichnungen unterzubringen, und schon genötigt ist, den Rücken zu Hilfe zu nehmen.
Man wird mir zurufen: ei, so berichte du doch die Wahrheit! Ich werde antworten: ein gewissenhafter Kriegsberichterstatter wird allerdings in allen Kriegen die Wahrheit schreiben, aber dies ist in den Haaren, in welchen sich die Russen und die Japaner lügen, fast unmöglich. Denn wenn ich der Wahrheit gemäß melde, daß die Russen oder die Japaner unterlagen, so melden die betreffenden Generale, der Unwahrheit gemäß, daß sie überlagen, und alle Welt hat dann Gelegenheit, mir auf den Kopf oder auf einen anderen edlen Körperteil zuzusagen, daß ich ein Entenverbreiter, um nicht Lügner zu sagen, sei, und ich hätte einen Titel, welchen ich nicht wieder loswürde, ganz abgesehen davon, da man mir befehlen würde, auf dem Stuhl Platz zu nehmen, den man mir vor alle Hauptquartiere setzte.

Ich glaube also, das Richtige zu tun, wenn ich, wie ich oben sagte, diesem unheilvollen Krieg hiermit ein Ende mache. Ich fühle nicht die Kraft in mir, den Russen und den Japanern im Lügen zu folgen, ihren Enten das Wasser zu reichen. Es wäre mir ein leichtes, täglich einen großen Teil der Flotten in die Luft zu sprengen, ganze Regimenter aufzureiben, Festungen, die nirgends liegen, wie wehrlose Rasiermesser zu schleifen und Truppen, die erst noch einzuberufen sind, da landen zu lassen, wo überhaupt kein Land vorhanden ist. Papier ist ja geduldig und der Telegraph fast noch geduldiger, selbst der ohne Draht. Aber die Folge wäre, daß, wenn ich russische Schiffe in die Luft sprengte, die Russen erklärten, es seien japanische Schiffe gewesen, und wenn ich japanische Regimenter aufriebe, die Japaner behaupteten, es handle sich um einen böswilligen Druckfehler, die aufgeriebenen seien russische Regimenter. Gegen Automobile kann man eben nicht anstinken. Dazu fehlt mir wenigstens das nötige Benzin.

Also: Schluß. Wie gesagt, ich werfe die Janustür ins Schloß. Wenn ich eines Tages bemerken werde, daß die Heerführer auf beiden andere Saiten aufziehen und endlich anfangen, glaubwürdig zu berichten, dann werde ich mit Vergnügen wieder zur Tinte greifen. Ich glaube, nicht anders handeln zu dürfen. Ich bin dies meiner journalistischen Ehre schuldig, und es ist mir peinlich, mich von ihr mahnen zu lassen.

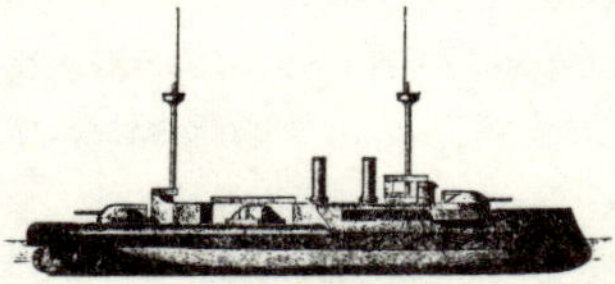

Der französisch-chinesische Krieg

Herrn Wippchen in Bernau

Wenn wir auch den Raub, der von den Engländern an dem deutschen Kutter »Diedrich« in der Nordsee begangen wurde, als eine abscheulich barbarische Tat gebrandmarkt sehen wollen, und wenn wir auch nicht weniger als Sie entrüstet sind, so kann uns doch das alles nicht veranlassen, Ihnen in der Behandlung dieser Affaire zuzustimmen.

Ihr gutes Gedächtnis, um das wir Sie beneiden, verführt Sie, Zampa, den Helden der Heroldschen Oper, als Engländer auferstehen und in der Nordsee seine argen Untaten erneuern zu lassen.

Obschon Sie ihn nicht nennen, so sagt sich der aufmerksame Leser doch gleich, daß der Kapitän des englischen Schiffes, dessen Mannschaft den Raub vollführt hat, kein anderer ist als der Titelheld der genannten romantischen Oper. Wie wäre dies auch anders möglich! Sie befinden sich auf einem der deutschen Kutter, hören den englischen Seeräuber das Lied anstimmen »Wenn ein Mädchen mir gefällt usw.« und erzählen nun den Roman, der das Libretto der Oper »Zampa« bildet.

Abgesehen davon, daß dies doch im Grunde auch ein Raub ist — auf literarischem Gebiet ja ein fast allgemeiner Gebrauch —, so ist doch die Umarbeitung eines Operntextes zu einem Kriegsbericht absolut unzulässig.

Warten wir also die Folgen der englischen Piraterie ruhig ab.

Gleichzeitig machen wir Sie darauf aufmerksam, daß Frankreich gegen China ernste Schritte zu unternehmen scheint und Ihnen also jedenfalls einen besonderen Stoff bietet.

Ergebenst
Die Redaktion

Bernau, den 21. Augsut 1884

Längst habe ich mich daran gewöhnt, daß jeder meiner Kriege, welche ich auf die Tagesordnung setze, von Ihnen mit scheeler Lupe betrachtet wird, daß Sie emsig darin nach einem Wort suchen, um dasselbe klauben zu können, und daß sie froh sind, wenn Sie eine Frage finden, in die der ganze Artikel gestellt werden kann. Mit einem Wort: jeder meiner Berichte hängt gewissermaßen an einem Haar des Damokles. Diesem Schicksal ist leider auch meine englische Piraterie nicht entgangen, indem Sie behaupten, ich hätte mich an den Text der Oper »Zampa« gelehnt. Wenn ich dergleichen lese, so weiß ich gleich, wohin die Glocke geschlagen hat, nämlich auf meinen Artikel, der Ihnen unbequem ist, und daß ich mich vergeblich nach dem Hahn umsehen kann, der nach besagtem Artikel kräht. Das ist wenig erfreulich.

Ich will also nochmals zum reinen Wein greifen und Ihnen solchen, freilich auf einen heißen Stein, einschenken, um meinen Standpunkt solchen Fragen gegenüber zu präzisieren. Es wird allerdings nichts nützen, denn Sie wollen mich, einen Weißen, nun einmal schwarz waschen, und gegen solches Prinzip ist jedes Kraut vergeblich gewachsen.

Die Engländer stachen blindlings in See, da treffen sie einen wohlhabenden deutschen Kutter. Die See ist eisfrei, und dennoch brechen sie ein. Es sind Flatter-, keine Seefahrer, die stehlenden Fußes die Fenster des Kutters eindrücken, hineinsteigen, der

Mannschaft das Fell räumen und alles, was sich auf dem Schiff vorfindet, als gute Prise in die Nase stecken. Hier hängt an einem Enterhaken die Garderobe des Kapitäns, die Neptunichtguts nehmen sie, dort ist ein voller Mastkorb, sie schleppen ihn fort. Dabei drohen sie, jedem das Lebenslicht umzudrehen, der Miene machen würde, sich an den deutschen Botschafter in London zu wenden. Sie lassen nichts übrig als die kahlen Segel. So kehren sie noch der deutschen Schiffsmannschaft den Rücken und verlassen dann den Kutter. Das ist Piraterie, Seeraub, eine Gemeinheit! Es wird ja nicht ungestraft bleiben, denn der Krug geht so lange zu Wasser, bis sich die Tugend zu Tisch setzt; doch das gehört ja nicht hierher.

Was tat ich nun? Ich erzählte die Geschichte Zampas und seiner Spießmeister, denn Spießgesellen sind das nicht mehr; ich las den Engländern gründlich den Operntext. War das falsch? Ich sagte mir unter vier Augen: Zampa war längst da, als er in Herolds Musik gesetzt wurde, er ist ein Pirat, die jüngere Generation kennt weder Zampa noch die Marmorbraut, also paßt er mir wie kaum eine andere Faust auf mein Auge.

Hoffentlich habe ich Sie endlich überzeugt, wie oft Sie meine Berichte mit dem Bade verschütten und über das Ziel hinaus fehlschießen. Trotzdem sende ich Ihnen einliegend den ersten Bericht vom Krieg Frankreichs gegen China. Wie das Reutersche Büro, so bombardiere auch ich die Stadt Kelung, obschon überhaupt nicht bombardiert wurde. Aber es liest sich kurzweiliger.

Frankreich fordert achtzig Millionen. Um Ihnen ein Bild von der Größe dieser Summe zu geben, bitte ich Sie um einen Vorschuß von achtzig Francs. Diese immerhin ansehnliche Summe bildet den millionsten Teil des Geforderten!

W. Kelung, den 5. August 1884

Als die Chinesen bei Langson den Vertrag von Tientsin gebrochen hatten und dann taten, als seien sie es nicht gewesen, schnürte ich sofort von meinen sieben Sachen diejenigen, die zur Reise nach der Insel Formosa nötig waren. Denn ich sagte mir, daß Frankreich seine Nase nicht vor dem Geschehenen verschließen und dieses nicht ungerochen lassen würde. Und so war es auch. Frankreich dachte nicht daran, auch nur eines seiner Augen zuzudrücken, sondern verlangte, daß China die Scharte, die es den französischen Waffen beigebracht, auch wieder auswetze. China anderseits sah sich genötigt, Tusche zu bekennen, und rüstete. Nun war die Entscheidung dem Gähnen der Kanonen überlassen.

Die Insel Formosa liegt mitten im Wasser unter einem Breitengrad, der auf zweiundzwanzig bis fünfundzwanzig taxiert wird. Sie ist sehr fruchtbar und herrlich gelegen. Echte Goldfasanen durchschneiden die Luft; Reis, Zukker, Tabak, Tee, Kaffee, kurz alles, was man bei und nach Tisch braucht, wächst in Massen und wird von Tigern, Leoparden und Büffeln zerstampft. Im Gebirge finden die Goldgräber viele Steinkohlen, und bei der herrschenden Unsicherheit kommt auch Baumwolle in Massen fort. Kurz, Frankreich hat nicht mit Unrecht den festen Fuß dieser Insel gefaßt.

Am ersten dieses Monats kam ich hier, in dem Hafenort Kelung, an. Eben hatte die französische Geschwadron des Admirals Lespès Anker geworfen und verlangte zweihundertdreißig Millionen Francs. Die Stadt hatte diese Summe nicht bei sich und bot eine monatliche Abzahlung von fünfhundert Francs, augenscheinlich, um die Franzosen in die Länge zu ziehen. Frankreich blieb aber unbeugsam und ermäßigte die Forderung auf achtzig Millionen. Seien diese nicht bis zum nächsten Morgen bezahlt, so würde das Bombardement beginnen. Die Kelunger waren verzweifelt, sie sangen das alte tragische Nationallied von dem Chinesen, dem's zu Herzen ging, daß ihm der Zopf so hinten hing, er wollte es geändert haben, aber wie er auch sich drehte, es half dem Armen nichts, der Zopf hing ihm hinten. Alles lief in den verkrüppelten Schuhen ratlos durcheinander. Da — am andern Morgen mit dem ersten Hahnenschlag — flogen die ersten Bomben in die Stadt. Wo sie hinfielen, da wuchs wie überall Gras, und die Bewohner bissen dutzendweise in dasselbe. Das dauerte etliche Tage, die Kugeln kamen in solchen Massen, daß die Straßen kaum zu passieren waren, und die Stadt atmete förmlich auf, als sie heute vormittag von den Franzosen besetzt wurde.

Herrn Wippchen in Bernau

Wir lassen die Gründe nicht gelten, mit welchen Sie es in Ihrem soeben eintreffenden Brief ablehnen, den chinesischen Krieg fortzusetzen. Sie schreiben, es widerstrebe Ihrem Gefühl, den so barbarisch wütenden Krieg ferner zu bearbeiten und sich mit den von den Franzosen ins Werk gesetzten Blutbädern weiter zu beschäftigen. Abgesehen davon, daß es doch nicht die Aufgabe des Kriegsberichterstatters sein kann, die Kriege zu untersuchen und entweder die blutigen oder die unblutigen zu wählen, so sind Sie doch jedenfalls in der angenehmen Lage, persönlich gar nicht von Barbareien berührt zu werden, sondern nach Belieben blutig oder unblutig sein zu können. Fahren Sie also getrost fort. Wir schät-

zen Ihr Zartgefühl, bitten sie aber, zu bedenken, daß Sie sich verpflichteten, indem Sie die Ziffer I. auf Ihren Brief setzten, mindestens einen zweiten folgen zu lassen, und diesen erwarten wir.

Ergebenst
Die Redaktion

Bernau, den 4. September 1884

Sie wissen, wie viele Kriege ich seit mehr als sieben Jahren unter der Feder hatte, wie manchen Feind ich aufs Papier warf, wie manche Festung ich zum Gegenstand nahm, und daß ich keine namhafte Kriegsfackel anbrennen ließ. Viele Felder tränkte ich mit Blut, manchen Bogen Papier bedeckte ich mit Leichen, und oft genug habe ich die eisernen Würfel kein Auge schließen lassen. Ich tat es gern. Nachdem ich dem Krieg eines Tages eine Seite abzugewinnen gewußt, welche meine schwache wurde, sind wir unzertrennlich wie Alpha und Omega. Sei jener Zeit ist mir kein Krieg zu ausgebrochen, kein Schwert zu gezogen, keine Festung zu angegriffen. Aber der Krieg darf nicht barbarisch geführt werden. Ein Homo sum, *wie ich nun einmal bin, kann ich mich nie mit etwas Unmenschlichem versöhnen, und selbst im Schlachtgetümmel verlange ich daher, daß die Menschen Menschen bleiben und daß der Soldat keine Hyäne im Tornister trage.*

Der chinesische Krieg wird aber leider mit einer Grausamkeit geführt, die mir die gesträubten Haare ins Gesicht treibt. Ohne eigentlich erklärt zu sein, rast Mars dort jeden Roland in den Schatten und vollbringt Wunder der Unmenschlichkeit. Wehrlose Dörfer werden zu oberst gekehrt, Schiffe, welche bereits zu Grunde gehen, noch besonders in denselben gebohrt, und selbst Greise, Weiber und Kinder mit dem Blutbade verschüttet. Und Raub und Plünderung sind nicht sicher, begangen zu werden. Admiral Courbet gibt kein Pardon, obschon er es hat, und obendrein spotten die Greuel noch jeder Beschreibung.

Das hat mich indes nicht abgehalten, ein Bild von mir anfertigen zu lassen. Ich werde Ihnen als himmlischer Reichsbürger neu sein. Auch der Photograph lachte aus vollem Zwerchfell, als ich bei ihm erschien, er hatte wohl niemals einen lebenden Pagoden gesehen; und erst, als ich ihn ärgerlich bat, endlich doch seinen Bauch zu halten, ging er ans Werk. Sie werden es nicht sprechend ähnlich finden, nehmen Sie es aber bitte dem Photographen nicht übel, ich spreche eben nicht chinesisch.
Es wird Herbst. Die Blätter fallen ab. Und da dachte ich, auch für mich würden bei Ihnen acht Blätter abfallen, die man im allgemeinen Leben Fünfmarkscheine nennt. Entziehen Sie mir dieses Herbstbild nicht, auch dies hat seine Schönheit.

W. Pic-Aigu (Mündung des Min-Flusses),
den 29. August 1884

Es geht gleichsam alles mit Siebenmeilenstiefeln zu. Klio, die Muse der Geschichtstafeln, schreibt so schnell, daß man ihrem ehernen Griffel kaum zu folgen vermag. Seit ich meinen ersten Bericht in den Kasten des Postboots steckte, hat die Flotte Courbets die chinesische in den Sand gestreckt und die ganze Küste in ein Aschenmeer verwandelt. Alle Tuschfabriken, Teehäuser, Chininhandlungen, kurz, die ganze Industrie des Uferlandes ist vernichtet. Die Batterien des Min-Flusses schossen unter aller Kanone und sind zum Schweigen gebracht. Die chinesische Flotte hat ins Seegras gebissen. Die berühmte chinesische Mauer widerstand kaum zehn Minuten, die Feuerschlünde der Franzosen gähnten sie in Trümmern. Die fliehenden Bewohner kamen nicht weit, da sie auf ihren verkrüppelten Füßen nicht ordentlich laufen konn-

ten, sie wurden von den französischen Spitzkugeln eingeholt und zu Dutzenden an den Rand des Orkus gebracht.
Die Chinesen dauern mich. Sie sind ein gutes Volk.
Die Franzosen sind von ihrem Erfolg so berauscht, daß sie sich kaum auf den Beinen halten können. Sie sind wirklich *enfants,* wie sie sich in der ersten Zeile der Marseillaise nennen.

Herrn Wippchen in Bernau
Es war uns sehr willkommen, daß Sie sich ohne weiteres der Berichterstattung über den französisch-chinesischen Krieg unterzogen oder, wie Sie sich ausdrücken, sich »kopfüber, kopfunter« in denselben gestürzt haben. Wir zögerten nur mit dem Abdruck Ihres dritten Berichtes, weil Sie Langson doch zu auffällig als ein zweites Sedan behandeln. An die Stelle Napoleons setzen Sie den französischen Oberstkommandierenden Briere de l'Isle, welcher seinen Degen dem Kaiser von China übergibt und von diesem nach irgendeiner chinesischen Höhe geschickt wird. Sie scheinen den Namen des Kaisers von China nicht zu kennen, nehmen einfach den Namen des bekannten gegen Migräne ausgebotenen Mittels und nennen den Ort Pohohöhe. Auch Bismarck behalten Sie in einem chinesischen Minister bei, indem Sie von demselben erzählen, er habe »nur drei Zöpfe«. Das ist ja allerdings pikant, würde aber unser Blatt dem Gelächter der Leser preisgeben, und dies scheint uns doch nicht die Aufgabe der Kriegsberichte zu sein. Wiederholt haben Sie den Tag von Sedan auf die verschiedensten Schlachtfelder verlegt, und es ist wirklich Zeit, daß Sie sich ein anderes Muster aussuchen.
Indem wir Sie um einen anderen Bericht aus China bitten, grüßen wir Sie

ergebenst
Die Redaktion

Bernau, den 9. April 1885

Wenn Sie in meinem Bericht über die Schlacht bei Langson mancherlei, wie eine Rabenmutter ihr Kind, auszusetzen haben, so muß ich Ihnen, allerdings nicht ohne bedauerndes mutatis mutandis, *beipflichten. Die Schlacht bei Sedan fällt mir zu häufig ein, besonders da, wo für Frankreich die eisernen Würfel aus der Rolle fallen, welche dieselben bis zum Jahr 1870 bei den Franzosen gespielt haben. Außerdem kenne ich leider keine Schlacht, welche, wenn man Frankreich ausnimmt, so allgemein beliebt ist wie die bei Sedan. Sie gab unserer Halbkugel eine andere Gestalt, machte es Frankreich unmöglich, Europa nach Belieben unter ein Zündhütchen zu bringen, und setzte Deutschland in den so lange geträumten Sattel. Dies mag so manche mit der Schlacht bei Sedan angefüllte schwache Seite meiner Manuskripte entschuldigen. Bei meinem Bericht aus China kommt aber noch etwas hinzu. China ist so weit von Europa entfernt, daß man es ein* Ultima Thule Regis *nennen kann, ein Land, welches gewissermaßen unter undurchdringlichen Rosen liegt, ein aus uralter Zopfzeit stammendes Volk, welches uns immer ein fremdes bleiben und sich bei uns stets ausheimisch fühlen wird. Welcher Leser kann also wissen, ob ich bei einem von mir geschilderten Ereignis der Wahrheit oder der Ente die Ehre gegeben habe, ob ich dem Publikum einen Bären oder eine historische Tatsache aufgebunden habe? Niemand liest bei uns das »Hongkonger Tageblatt«, den »Beobachter am Jangtsekiang«, die »Pekinger Nachrichten« oder die »Teelaube«. Ich brauchte also das* Respice finem *nicht lange zu bedenken, sondern konnte mir die grauen Haare, die andere sich bei solchen Gelegenheiten wachsen lassen, aus dem Kopf schlagen und mich ohne weiteres ans Werk machen.*

Den Geburtstag des Reichskanzlers beging auch ich am Abend vorher durch einen aus mir bestehenden Fackelzug. Mit Luna-

werden zündete ich eine Fackel an und zog in meiner Stube, überall mich freudig begrüßend, an dem Portrait des Fürsten vorüber. Die Fackel verlief ungestört auf meinen Rock und ruinierte denselben vollständig, der Qualm schwärzte die ohnedies nicht recht weißen Gardinen, das Publikum sammelte sich auf der Straße, begeistert ein »Da brennt es!« anstimmend, und der mit einem nassen Eimer in meine Stube dringenden Wirtin bot sich ein erschütternder Anblick dar. In einer herzlichen Ansprache berechnete sie den durch meine patriotische Ovation angerichteten Schaden auf fünfundzwanzig Mark, und so muß ich Sie bitten, mir sechzig Mark als eine Art Freuden-Vorschuß zu senden, mit dem das Fest einen würdigen Abschluß finden würde.

W. Peking, den 7. April 1885

»Was ein Würmchen werden will, krümmt sich bei Zeiten«, das ist ein alter Spruch. China scheint ein Würmchen, das an dem Herzen Frankreichs nagt, werden zu wollen. Wer hätte vor noch kaum tausend Jahren geglaubt, daß die Chinesen, eine unter den Kulturvölkern zur Mythe wohnende Nation, eines Tages die Franzosen in die Flucht schlagen würden! Das ist nun geschehen. Die Franzosen, welche glaubten, sie brauchten sich nur zu zeigen, um den Chinesen den Garaus auszublasen, mußten erfahren, daß sie den Chinesen unter sind, und waren gezwungen, sich aus dem Staube zu machen, den die ganze leidige Affaire aufgewirbelt hatte. Kurz, das Unglaubliche ist eingetroffen: die Franzosen haben das Weite gefunden.

In Langson blieb ich nicht lange. Die Franzosen sprachen nur von ihrem Einzug in Peking, und von morgens bis in

den späten Zapfenstreich hinein ward der Pekinger Einzugsmarsch geblasen. Der Chinese sollte nur kommen, hieß es, sie wollten ihm die Harke schon zeigen, und dann direkt nach Peking. Ich eilte also nach dieser Hauptstadt, um den Einzug der Franzosen beizuwohnen.
Die Medaille ließ hier nicht lange auf ihre Kehrseite warten. Peking war ruhig. Nur ganz vereinzelt grassierte ein Großsprecher, der aber bald von einem Magertuer oder Kleinmaul darauf aufmerksam gemacht wurde, daß es falsch sei, zu früh zu jubeln. Die Bewohner der riesigen Residenz, welche bekanntlich Yuho-Berlin genannt wird, setzten ein unbegrenztes Vertrauen in die Armee, wußten aber sehr wohl, daß derselben auch einmal das bestgezogene Schwert nicht lächeln könnte. In ihren Pagoden beteten sie zu ihren Abgötzen, diese möchten ihnen den Sieg verleihen; das ist alles, was sie taten.
Da kam die Siegesdepesche, und wie von einem Zauberschlag gerührt, jubelten die Pekinger auf. Sie zogen singend vor das Schloß des Vizekönigs Li-Hung-Chang, der im Kreise seiner Minister mit unterschlagenen Beinen — die Beamten unterschlagen hier nur ihre Beine — auf dem Balkon saß, die Zunge herausstreckte und mit dem Kopf nickte, wie man dies an den chinesischen Porzellanfiguren so häufig beobachten kann. Überall hudelte man das Lob der Armee. Wer verkrüppelte Füße hatte, eilte auf die Straße und umarmte sich. An jedem Bambus flatterte eine Fahne, und abends waren alle bunten Lampions festlich erleuchtet.
Die einlaufenden Nachrichten lauten für die Franzosen sehr schlimm. Die Chinesen sitzen ihnen hart auf den Achilleshacken, und wo sich eine neue Schlappe findet, wird sie der *Grande Nation* beigebracht.

Morgen verlasse ich Peking, um mir das Pech anzusehen, welches die Franzosen gegeben haben.

Herrn Wippchen in Bernau

Wir können uns denken, daß Sie wenig Lust haben, sich aus Ihrer Ruhe zu reißen, wir selbst möchten am liebsten in der Sommerfrische von den journalistischen Strapazen ausruhen, welche uns die Redaktion bereitet hat. Indes ist am allerwenigsten an ein gänzliches Einstellen der Arbeit zu denken, wenn, wie in diesem Augenblick, ein wichtiges Ereignis die allgemeine Aufmerksamkeit auf sich zieht. Wir geben Ihnen darin recht, daß das Publikum im Sommer nicht Lust hat, sich mit aufregender Lektüre zu belasten, es vielmehr vorzieht, sich mit den Rubriken »Vermischtes« und »Aus der Gesellschaft« zu beschäftigen, und wir haben Sie deshalb längere Zeit unbehelligt gelassen. Die Ereignisse in Indo-China aber fordern gebieterisch die Wiederaufnahme der Arbeit, und wir bitten Sie daher um einen schleunigen Bericht aus Hué. Wir sind in der größten Verlegenheit. Ihre Sechserkarte »Ich unterbreche meine Bärenhaut um keinen Preis« wird hoffentlich nicht so ernst gemeint sein.

Wir grüßen Sie

ergebenst

Die Redaktion

Bernau, den 16. Juli 1885

Wenn ich nicht vom Gegenteil überzeugt wäre, so würde ich meinen, Sie seien übergeschnappt, wenn ich daran denke, daß Sie in den Tagen der tropischen sauren Gurke einen Bericht von mir verlangen. Jetzt arbeiten zu müssen, das ist ein Nagel zu meinem letzten Sarg. Der goldene Wagen des Helios liegt brütend auf der

Landschaft, dem Quecksilber des Barometers wird der Aufenthalt in der geschlossenen Glasröhre zur Pein, alles eilt, um den Aeolus an den Meerufern einzuatmen, oder auf den ewigen, mit Gemsen bedeckten Bergspitzen in die Täler hinabzuschaudern. Der Tagespresse fehlen die Leser, welche jetzt in jeder Nachricht eine Seeschlange vermuten, die sie am Busen nähren sollen, und froh sind, wen sie nichts Neues hören. Daher blätterte auch ich eben in dem Eisenbahnfahrplan und überlegte, wohin ich meinen Handkoffer setzen sollte, da kam, ein Brief aus der Maschine, Ihre Aufforderung, einen Bericht aus Anam zu liefern. Ach, ich wäre so gern den Weg aller Flöten gegangen! Statt dessen blüht mir nun das Tintenfaß aufs neue, und ich bin so außer mir, daß ich nicht weiß, wie ich wieder in die Haut zurückkomme, aus der ich infolge Ihres werten Schreibens gefahren bin.

Am liebsten hätte ich nun den Franzosen in Hué den Ganz- und Garaus gemacht, um nicht weiter von der mir etwas fernliegenden chinesischen Affaire belästigt zu werden, indes höre ich, daß sie im Gegenteil den Anamiten gezeigt haben, was eine Harke ist, obschon sie ihnen den Daumen aufs Auge drückten, und daß Frankreich in diesem Augenblick siegestrunken den Clicquot trinkt, wie er von der Witwe kommt. Da muß ich denn in den sauren Apfel schreiben, auf die Gefahr hin, mich im Laufe des schwülen Sommers noch häufig mit dieser leidigen Angelegenheit zu beschäftigen. Denn daß Frankreich sich hier eine Toga eingebrockt hat, in deren Falten nur der Krieg verborgen ist, und die es nun auslöffeln muß, das unterliegt ja gar keinem leisen Zweifel. Und diese Überzeugnung macht mich derart rabiat, daß ich mich wie Mignon in das Land wünsche, wo der Pfeffer wächst, und wenn Sie mich jetzt fragen, an welchem Fluß Frankfurt am Main liegt, so sage ich: an der Oder.

Einliegend der Sieg der Franzosen über die Anamiten. Ich habe ihn so kolossal gestaltet, daß der Brief doppeltes Porto kostet.

Mir ist heute nicht wohl. Fragen Sie mich, was mir fehlt, so antworte ich Ihnen, daß ich selbst nicht weiß, wieviel. Darf ich mir was verschreiben, so bitte ich Sie um einen Eßlöffel Vorschuß. Ein solcher wird rund sechzig Mark fassen. Es ist wohl das Beste, was man einnehmen kann. Hoffentlich hilft's.

W. Hué, den 6. Juli 1885

Am zweiten bin ich hier angekommen und im »Goldenen Bambusrohr« abgestiegen. Hué (sprich: Hué) liegt an einem hier allgemein bekannten Strom, der zwölf Kilometer weiter ins Meer mündet, und besteht aus einer großen Zitadelle mit Bastionen. Hier wohnt der König, der aber, erst fünfzehn Jahre alt, das Regieren nicht aus dem bekannten FF versteht. Sein Kopf ist so schwach, daß er die Krone nur ganz oberflächlich trägt. Wenn er eine Stunde geherrscht hat, so ist er so müde, daß er die Verfassung zuklappen muß und sitzenden Fußes auf dem Thron einschläft. Meist ist er krank und regiert im Bett, wo er dann tagelang weder Gesetze gibt noch solche nimmt. Er hat das *Lumen mundi* nicht erfunden und scheint seine Nase bekommen zu haben, um sich auf derselben von seinem ersten Minister Nguyen-Van-Tuang (sprich: Nguyen-Van-Tuang) spielen zu lassen. Er ist, um ihn kurz zu fassen, ein Schattenkönig.
Der genannte Minister ist ein Mörder. Ohne Gewissen, hat er doch wenigstens zwei Königs- und mehrere Prinzenmorde auf demselben. Es gibt hier kaum ein Feld, aus dem er nicht schon einen König geräumt, keine Ecke, um die er nicht einen Prinzen gebracht hat. Er schreckt vor keiner Giftflasche zurück. Das arme Volk ist machtlos.

Noch nie ist es von diesem Meuchelminister unters Ohr gehauen worden, stets wird es von demselben mit Händen und Füßen getreten, und dennoch wagt es nicht, das Handwerk des Ministers zu ergreifen und es ihm zu legen. So vertiert die Knechtschaft.
General de Courcy langte am zweiten mit mir in Hué an. Den Wind, den er von den Plänen Anams, sich von den Franzosen loszureißen, bekommen hatte, ließ er sich nicht zweimal wehen. Er kam also mit 1200 Mann, um mit Sr. Exzellenz, dem genannten Mörder, zu unterhandeln. Ohne Erfolg. Kaum aber hatte in der Nacht zum fünften Luna ihr Licht durch die Mondscheibe geworfen, da fiel die anamitische Armee, 30000 bis 42000 Mann stark, über die Franzosen her. Wie Lenore fuhren diese ums Morgenrot aus schweren Träumen und griffen zu den Waffen. Es entstand ein wilder Kampf. Bald stand die Zitadelle an mehreren Stellen in Asche. General Courcy hatte von Morpheus' Armen kein Auge schließen lassen, feuerte nun seine Soldaten zu immer neuer *Gloire* an und bedeckte sich mit deren Ruhm. Die Anamiten flohen scharenweise, und weise war dies jedenfalls, denn wer nicht entkam, fiel unter den wohlgezielten Hinterladern der Zuaven. Das Schlachtfeld war nicht sichtbar, so bedeckten es die Leichen der Feinde, und bald war der Verrat derart gerochen, daß es absolut nicht auszuhalten war. Die Anamiten nahmen keinen Pardon, freilich nicht ohne Grund, denn die Franzosen gaben ihnen keinen.
Der königliche Palast blieb unversehrt. Die Pracht, mit welchem derselbe bei meinem Eintritt ausgestattet war, ist eine enorme. Der Hof ist mit Bernsteinspitzen gepflastert, in den Schlafstuben fand ich nur Straußenfederbetten und Schwefelhölzer von Jakaranda, die Toilette wird

aus einer Goldwasserleitung gespeist, und auf dem Nachttisch lagen Goldelse, der Goldmensch, Silberstein, der Bauer als Millionär, der Nabob, Goldbaum und ähnliche Werke. In den Salons dieselbe Opulenz. Massive Goldfische tummelten sich in den Aquarien, eine Venus von Milo trug die kostbarsten Kleider, ein Affe suchte und fand auf einem anderen seltene Goldkäfer, und der eiserne Ofen war von Opal. In allen Ecken lagen Silberbarren, und Courcy meinte: »Die Ziffer dieses Betrages wird sich erheblich vermehren, wenn ich auch Goldbarren finde.« Unter den Kunstschätzen nenne ich nur einen von Knaus gemalten Menzel.

Es ist kein Zweifel mehr darüber, daß Frankreich Anam jetzt annektieren muß. Ob aber damit etwas erreicht sein wird? Das Volk wird immer wieder von den Mandarinen aufgestachelt werden. Man soll den Tag nicht vor dem Vorabend großer Ereignisse loben.

Der deutsch-chinesische Krieg

Herrn Wippchen in Bernau
Sie sind ein Mann der Kontraste. Neulich sahen wir uns genötigt, Ihnen über Ihr langes Feiern, das wir für schädlich hielten, Vorwürfe zu machen, und heute sehen wir uns fast zum Gegenteil veranlaßt. Denn kaum haben Sie uns, um uns zu beruhigen, einen fesselnden Bericht aus Port-au-Prince zukommen lassen, durch welchen Sie die Aufgabe des Deutschen Reichs auf Haiti rasch zu Ende führen, so kommt auch schon ein Brief mit der Beschreibung eines Bombardements, durch welches unsere Flotte mehrere Küstenstädte Chinas einäscherte. Wir sind Ihnen sehr dankbar, wenn Sie uns prompt bedienen, aber allzu prompte Bedienung, welche darin besteht, daß Sie den Ereignissen vorgreifen, kann uns doch nichts nützen, indem wir sie zurückweisen müssen. Ihr Bombardement ist für uns ganz unbrauchbar, es ist wenigstens verfrüht, und wir bitten Sie, vernünftig vorzugehen.
In Erwartung solcher Berichte

ergebenst
Die Redaktion

Bernau, den 19. Dezember 1897

Es ist und bleibt immer ein Malheur, wenn man irgendwo einem Schuster begegnet, der nicht bei seinem Leisten geblieben ist. Ihr und mein Beruf sehen sich sprechend unähnlich oder, um mich weniger schroff auszudrücken, sehen sich ähnlich wie ein Ei dem

Würfel. Sie lassen drucken, ich lasse geschehen. Von einem Krieg verstehe ich mehr als Sie, weil ich nichts anderes treibe als Krieg. Eröffne ich also ein Bombardement auf Küstenstädte eines feindlichen Landes, oder lasse ich einen gegnerischen und eigensinnigen Brückenkopf in die Luft oder in Grund und Boden sprengen (auf die Richtung kommt nichts an!), so ist das etwas, was im Krieg zwischen einer See- und einer festen Landmacht wie beim Bäcker die Semmel täglich vorkommen kann. Um einen solchen Krieg aber handelt es sich in diesem Augenblick zwischen Deutschland und China. Oder glauben Sie: um eine Regatta? Da stände mir das Lachen näher als das Lächeln. Es ist ein Krieg. Die Chinesen haben sich vergangen, wie sie sich nur auf ihren verkrüppelten Füßen vergehen konnten. Natürlich mußten ihnen die unaussprechlichen Hosen stramm zur Rechenschaft gezogen werden. Zu diesem Zweck haben wir in Kiautschau den festesten Fuß gefaßt, dessen wir als junge Seemacht nur irgend habhaft werden konnten, und nun sind wir mit einer Flotte und einem Seebataillon von fast sechshundert Mann dahin unterwegs. Wir sind dies aber nicht, um gegen China einen energischen Frieden zu führen, sondern das Gegenteil ist der Fall, und dies ist ja auch selbstverständlich. Es ist also doch höchst über- und überflüssig, daß Ihnen mein Bombardement verfrüht vorkommt. Ein Bombardement ist nie verfrüht, namentlich hier, wo es gilt, einem unzivilisierten Volk ein warnendes Exempel aufzubrummen.

Um Ihnen aber zu zeigen, daß es mir auf ein Bombardement mehr oder weniger nicht ankommt, ziehe ich das Ihnen gesandte hiermit zurück, überzeugt, daß ich es in einiger Zeit, mit leichter Mühe aufgefrischt, wieder als neu werde verwenden können. Überhaupt sollte jede Redaktion jetzt ein gutes Bombardement fertig liegen haben, denn es kann jeden Augenblick eintreten, den Schmerzensschrei der Chinesen übertönend: »Heinrich! Mir graut's vor dir.«

Und nun eine Bitte. Ich möchte einige chinesische Taels haben. Ein Tael ist kein Taler, wie der Wortlaut glauben läßt, sondern mehr. Selbst der chinesische Münzfuß ist verkrüppelt. Senden Sie mir also sechzig Mark, für welche ich mir Taels einwechseln möchte, um endlich zu erfahren, wieviel ein Tael gilt. Und damit wünsche ich Ihnen: Vergnügten Tannenbaum!

W. Kiautschau, den 19. Dezember 1897

Man macht sich in Deutschland von den Chinesen doch nicht die richtige Vorstellung. Viel haben unser Ballett und die Operette »Geisha« verschuldet. Man meint, daß alle Chinesen wackeln und dabei mit vielen Glöckchen klingeln oder die Zunge herausstrecken und mit dem Kopf nicken, um als Pagoden zu gelten. Auch Schiller hat mit seiner »Turandot« irregeleitet. Man meint, daß den hier ankommenden Fremden von einer Prinzessin drei Rätsel aufgegeben werden und daß sie entweder die Prinzessin heiraten müssen oder geköpft werden, je nachdem sie die Rätsel geknackt oder nicht geknackt haben. Der Maler Lucas von Cranach, welcher in Berlin den Vizetyrannen Li-Hung-Chang gemalt hat, erklärt ausdrücklich, daß dieser Chinese, als er gemalt wurde, ziemlich still saß und weder gewackelt noch mit Glöckchen geklingelt hat. Der genannte Maler versicherte, Li sei bereits so europäisch, daß er sein Portrait noch nicht bezahlt habe. Nun, vielleicht setzt Deutschland es mit auf die Rechnung, wenn den Chinesen der Frieden in die Pfauenfeder diktiert wird.

Jetzt wenigstens weiß alle Welt, daß die Chinesen durchaus nicht zu den Tauben gehören, welche girren, sondern zu denjenigen Tauben, welche nicht hören wollen, also fühlen müssen. Wir haben einsehen gelernt, daß sie es weniger faust- als mephistodick hinter den Ohren haben und man ihnen nur volles Mißtrauen schenken darf. Wir sind so weit mit ihnen gekommen, daß wir glauben, sie hätten ihren Zopf, damit wir ihnen auf denselben spukken. Jedenfalls müssen wir jetzt einmal deutsch mit ihnen reden.

Noch allerdings haben sie kein rechtes Bild von dem, was ihrer harrt. Täglich fragt mich irgendein Mandarin, wie lange wohl Berlin Widerstand leisten könne und ob die Reichshauptstadt hinreichend mit Ratten versorgt sei, um eine längere Belagerung auszuhalten. Dabei sehen mich diese Frager mit mandelförmig geschlitzten Blicken an, als wollten sie sagen, daß mein Kopf gezählt sei, wenn ich mir einbildete, daß wir schließlich den längeren ziehen würden. Es ist recht ungemütlich. Aber wenn ich in mein Zimmer im Hotel »Harakiri« komme, dann mache ich ein Fäustchen und lache mir weithinschallend hinein.

Denn der Draht meldet ja, daß unser Prinz Heinrich mit »Deutschland« und »Gefion« die See betreten hat, und es wird nicht lange dauern, und die Kruppsche Bronze gähnt den Chinesen in ihre gelben Mongolengesichter. Schon jetzt sitzen sie auf der berühmten Mauer herum und blicken in die Ferne, wo sie Kiel und Brunsbüttel vermuten und von wo die Gerichtsvollzieher kommen. Noch träumen sie von einer Fahrt nach Berlin. Aber wenn sie erwachen, wird das Sedan hereinbrechen.

W. Kiautschau, den 26. Dezember 1897

Der Aufenthalt hier gehört wahrlich nicht zu den kurz- und gutweiligen, seit es bekannt geworden, daß China unter die Großmächte verteilt werden soll, wenn Prinz Heinrich eingetroffen sein wird. Wir müssen, wie wir hier sagen, sechzehn geben (doppelt acht), daß uns kein schadenfrohes Wort entschlüpft, und so ist das alte Wort wieder bewahrheitet: »Vorsicht ist das bessere Teil der Mutter der Tapferkeit.« Wer das Wort Teilung ausspricht, kann dem Himmel (chinesisch: Thian) danken, wenn er mit einem Auge, einerlei welcher Farbe, davonkommt. Aus allen Pagoden ertönt das Lied:

Sie sollen ihn nicht kriegen,
Den alten Jangtsekiang,
Zu unserem Vergnügen
Bleib' unser er noch lang.

Chinesisch auf die Dauer
Soll bleiben ebenso
Die heißgeliebte Mauer
Und dieser Hoang-ho.

Sie sollen ihn nicht kriegen,
Den Pei-ho, unsern Strom,
An dem soll Peking liegen
Stets wie am Tiber Rom.

Und kämen auch geschwommen
Zehntausend Panzer rein,

So sollen sie bekommen
Von Schanghai keinen Stein,

Von Kanton keine Dose,
Hineinzutun den Tee,
Von Nanking keine Hose,
Ja, nicht mal ein Gilet:

Solang dem Chinamädel
Der Fuß wird eingezwängt,
So lang noch stolz und edel
Der Zopf uns hinten hängt!

Aber was kann das Lied nützen? Geibel sagt ganz richtig: »Das Lied, das Lied hat Flügel«, aber doch nur, um auf dem Flügel begleitet zu werden oder davonzufliegen, während die Flotte bleibt. Wo die Flotte ihren Anker hinwirft, da wächst kein anderes als Seegras, und da liegt sie eben fest. Und als ich gestern mehrere europäische Staatsmänner fragte, was sie mir über die Zukunft Chinas sagen könnten, antworteten sie mir: »Die Meinungen sind geteilt.« Bei dem Wort »geteilt« aber blinzelten sie wie aus einem Auge, und es war ein wahres Glück, daß die anwesenden Chinesen kein Wort von diesem Blinzeln verstanden.

Von der Unkenntnis der Chinesen in allem, was Deutschland angeht, hat man in Berlin kaum einen Begriff. Das erinnert nur zu lebhaft an Konfuzius. So meldet heute das Regierungsblatt: »Wie wir aus bestem Draht erfahren, gähnt zwischen den Staaten Deutschlands ein Zwiespalt. So hat der Herrscher von Reuß, zugleich Kommandant der älteren Linie (Fußsoldaten), erklärt, daß er mit China nach wie vor in Frieden leben wolle und sich daher mit allerhöchsten Händen und Füßen gegen jede Verstümmelung des Reiches erkläre, denn er verdanke diesem Reich den Tee, ohne welchen er vor dem Schlafengehen nicht leben könne. Er gilt als einer der zwanzigsten Heinriche, die jemals auf dem Thron gesessen haben. Im Vergleich mit ihm soll Heinrich der Löwe Heinrich der Fromme gewesen sein, so durch und durch ist er Heinrich der Stolze.« Hieraus nun wird hier geschlossen, daß, wenn das deutsche Geschwader es wagen sollte, der chinesischen Küste auch nur ein Härchen zu krümmen, im Herzen des Deutschen Reiches ein Erisapfel ausbrechen würde, der so leicht nicht zu schlichten sein wird. China hat infolgedessen seine ganze Hoffnung auf Reuß sen. gesetzt. Soweit das Ohr auf der Straße reicht, hört man nur das Wort Reuß wie einen Strohhalm, nach welchem der Ertrinkende schreit. Wenn das Reich der Mitte eines Tages erfährt, daß der ältere Linienreuß eigentlich nur zum Vergnügen wie auf dem Zweirad auf dem Thron sitzt und zum Zeitvertreib regiert, so wird die Blamage kein Kinderspiel sein.

Übrigens wird die Teilung Chinas sich nicht so leicht vornehmen lassen wie die Polens, oder wie man einen Kummer, eine Torte, eine Erbschaft und dergleichen teilt. Nimmt eine Großmacht sich den Löwenanteil, so wird sich die andere nicht mit dem eines kleineren Tieres, etwa mit einem Lamm- oder gar mit einem Kaninchenteil, begnügen wollen. Ferner bringen die verschiedenen Teile Chinas auch Verschiedenes hervor. Hier gedeiht der Mundbeerbaum, dort der Lackfirnis, hier kommen der Büffel und die Rizinuspflanze, dort der Rettich und das Bambusrohr in größeren Mengen vor. Wie wird da

gleichmäßig zu teilen sein? Der eine wird freilich nehmen, was er kriegen kann, der andere kriegen, was er nehmen kann, ich fürchte aber, daß sich das Geschäft nicht so glatt wie ein Aal abwickeln wird. Dann kann es leicht kommen, daß die Tür des Janustempels plötzlich wie die Haut oder der Hase aufspringt und der jetzt so sorgfältig befestigte Frieden sich losreißt und von Bellona in die Kriegsdrommete gestoßen wird.
Das ist keine sehr beruhigende Silvesterbetrachtung. Noch freilich ist alles still wie der Ozean, aber dessen Spiegel bedeckt sich mit den Schiffen der Großmächte wie ein solcher im Sommer mit Fliegen. Das Gelbe Meer (chinesisch: Wang-Hai) wimmelt von Kreuzern, deren Zahl bald einen Gulden bilden dürfte. Hoffen wir, daß wenigstens das Stück, welches Deutschland nimmt, ein gutes Ende nehmen wird. Noch freilich läßt sich gar nichts sagen.
Nächstens mehr.
Nun wünsche ich noch allen meinen fernen Lesern ein vergnügtes Meer der Ewigkeit, in welches am Freitag das alte Jahr versinkt.

W. Kiautschau, den 7. Januar 1898

Es muß einem großen Reich wie China höchst unangenehm sein, wenn plötzlich die ganze Welt kommt und es teilen will. Wenn ich ein vielfacher Millionär und noch recht gesund wäre, und plötzlich klingelten Tausende von Menschen, um mich zu beerben, wie würde mir das gefallen, und was würde ich dazu sagen? Keinesfalls würde ich doch das Fenster aufreißen und »Prost Neujahr!« schreien oder mich um eine Bowle setzen und sie bis zur Bewußtlosigkeit leeren. Und das taten auch die Chinesen nicht. In ihr Schicksal ergeben, aber recht verdrossen, hörten sie die zwölf letzten Körner in der Sanduhr des Kronos schlagen, froh, daß das alte Jahr der Sense der genannten Gottheit weichen mußte, und sie wollten sich auch den trüben Blick, mit welchem sie ins neue Jahr hineinblickten, nicht durch einen Teepunsch erheitern lassen, um ungestört schwarzsehen zu können. Sie singen, wie um Selbstironie zu treiben, das von einem Galgenhumoristen verfaßte Lied, durch welches sie feurige Butter auf den Häuptern der Großmächte sammeln. Es kommen darin Deutschland, Österreich, Frankreich, England, Rußland und Italien zu Wort, und es lautet:

> Es braust ein Ruf wie Donnerhall:
> Der Deutsche siegte Knall und Fall!
> *Allons enfants! God save the Queen!*
> *Pascholl! Pascholl!* 's gibt nur a Wien!
> Der *Yankee doodle* schon ans Land,
> *Evviva!* tönt es imposant,
> Fest schaukeln sich und treu die Flotten am Strand!

Die letzte Zeile wiederholen sie, indem sie mit ihren Zöpfen wütend um sich schlagen. Da haben Sie ein Bild von der hier herrschenden Stimmung. Am liebsten erkundigte ich mich, wie »Lebewohl« auf chinesisch heißt, und sagte es diesem Land!

Wenn in der zweiten Zeile des erwähnten Liedes gesungen wird, daß die Deutschen Knall und Fall siegten, so ist dies übertrieben gesungen. Von Knall kann gar nicht die

Rede sein, höchstens von Fall. Es wurde bei dem Siege überhaupt nicht geknallt. Es war einer der geräuschlosesten Siege der Weltgeschichte. Weder eine Kanone noch ein Champagnerkork hat geknallt. Die Eroberung von Kiautschau ist durchaus friedlich erfolgt. Kein Schuß fiel dem Frieden ins Wort, keine Kanone brauchte wie ein Rätsel gelöst zu werden, auch nicht das kleinste Schlachtfeld wurde vom Blut gefärbt. Wenn ich beim Schreiben nicht sitzen müßte, so würde ich vor Vergnügen im Zimmer umherspringen, daß der Oberkellner hereinstürzte und fragte, ob ich geklingelt habe. Auch meinen Lesern muß die Nachricht von unserem schußfreien Sieg freudig in die Glieder gefahren sein, und der Ausdruck innerster Befriedigung wird ihr Antlitz verschönern, wenn dies irgend möglich ist. Als einst Siegesnachrichten aus Frankreich eintrafen, stets hatten wir die Freude mit dem Bedauern über die Opfer zu vereinigen. Hier aber haben wir einen Sieg, bei welchem, soweit meine Leser kaum ihren Augen trauen, kein Opfer sichtbar wird. Das ist eine neue Ära des Krieges. Ich höre im Geiste, wie am 4. Januar, also im 12. Monat des 24. Jahres Kaiser Kuanghsüs, der Chef des kaiserlich deutschen Geschwaders in Ostasien, v. Diederichs, seine Soldaten anredete: »Soldaten! Der Augenblick hat geschlagen, die Stunde ist da! Ich rechne auf euch, auf eure bewährte Tapferkeit! Wir wollen niemanden in den Schatten stellen, aber es gilt, einen Platz zu nehmen, den der Feind jetzt noch besetzt hält, den Platz an der Sonne. Ganz Deutschland hofft auf uns, indem wir uns vereinigen, mit Hilfe unserer bis an die Zähne gepanzerten Schiffe und mit bewaffneter Hand das vor uns liegende Land des barbarischen Feindes zu pachten. Soldaten! Es handelt sich nicht um eine

Pacht auf einige Jahre, sondern auf fünfzig. Das nächste halbe Jahrhundert blickt auf euch nieder! Man wird also von heute bis zum Jahr 1948, nach chinesischer Zeitrechnung bis zum vierundsiebzigsten Jahr Kaiser Kuanghsüs, von eurer musterhaften Haltung, von eurem Wirken im Interesse des deutschen Stützpunktes für Handel und Schiffahrt in den chinesischen Gewässern reden und sagen. Es kann auch sein, daß wir vielleicht nach fünfzig Jahren das gepachtete Land noch einige Zeit behalten, und sei dies auch nur für den Rest des Jahrhunderts, dies wird dann euren Ruhm gleichfalls verlängern. Vorwärts also, Soldaten des kaiserlich deutschen Geschwaders! Ich vertraue eurer Tüchtigkeit, eurer Manneszucht! Auf! Und bedeckt euch mit dem Roten-Adler-Orden erster Klasse, welchen der Staatssekretär der auswärtigen Angelegenheiten, Herr v. Bülow, erhalten wird, den dieser Staatsmann durch sein friedliches, aber energisches Vorgehen redlich verdient hat. Ihm ist es zu danken, daß wir die wirtschaftlichen Vorteile, die dieser Erfolg unserer Expedition mit sich bringen und an denen euch wohl am meisten gelegen sein wird, nur mit verhältnismäßig geringen Opfern an Geld bezahlt haben, und daß wir vollzählig und wie wir Deutschland verließen die Pachtung überstehen werden. Und noch eins: lest weder die englischen noch die russischen Blätter, denn erstens ist es ja ganz gleichgültig, was England und Rußland über unseren Feldzug denken, und zweitens könnt ihr die Blätter ja doch nicht lesen. Aber nun: vorwärts, und es lebe Deutschland!«

Eine Stunde nach dieser Rede war ein schönes Stück Chinas in unseren Händen, waren wir Pächter. Noch verstehen die Chinesen das Wort Pächter nicht, sie glauben vielmehr, es komme von Pech her, welches sie in ihrem Krieg gegen Japan in so großen Mengen gehabt haben. Es ist daher sehr schwer, ihnen begreiflich zu machen, daß sie im Gegenteil eine Pachtsumme erhalten. Als ich dies gestern in einem Ting-el-Tang, einer bekannten Singspielhalle, einem an meinem Tisch sitzenden chinesischen Offizier sagte, bedrohte er mich mit dem Stäbchen, mit welchem er gegessen hatte, und warf mir seine Visitenkarte hin, auf welcher ich las »Leutnant Na-Na. Bambusmarkt 16«, und ging davon. Heute schrieb ich ihm, und zwar in der eigentümlichen Form der chinesischen Schreibkunst:

Ihr	*wohl*	*Sie*	*mittler-*	*Geehrter*
Sie	*alles*	*nicht*	*weile*	*Herr*
hoch-	*wieder*	*zum*	*gehört*	*Leutnant!*
schät-	*in Ord-*	*Besten*	*haben,*	*Sie*
zender	*nung*	*hatte,*	*daß*	*werden*
usw.	*ist.*	*womit*	*ich*	*wohl*

Damit wird ohne Zweifel der bärbeißige Mensch sich befriedigt erklären.

Doch das sind ja im Grunde Kleinigkeiten, die Hauptsache ist, daß die deutsche Staatskunst einen der unblutigsten Siege geführt hat, der jemals die Welt erschütterte. Wenn Moltke den Namen eines Schlachtendenkers trug, so werden wir Bülow einen Friedensdenker nennen. Das -ow am Ende seines Namens hat sich in einen Jubelruf verwandelt. Mögen die anderen Mächte von uns lernen, wie man kein Blut vergießt, und nun gleichfalls abzupachten anfangen! China hat's nötig, und die Welt kann Pachten besser als Schlachten brauchen.

Werden sich unsere Hoffnungen erfüllen?

W. Peking, den 14. Januar 1898

Wie Sie und Ihre werten Leser sehen, habe ich mich eben kiautschaumüde hierher, in die Metropole und Residenz des chinesischen Reichs, begeben. Kaum war ich in Peking angelangt und im »Grünen Buddha« abgestiegen, so war ich statt dessen in Pehtsching, weil die Chinesen diese Stadt so nennen. Es ist hier bitterheiß, und mir rinnen die Insekten von der Stirn, kaum weiß man sich zu retten. Über die Hauptstadt selbst habe ich noch kein Urteil. Auf den ersten Anblick kann man sie wunderschön, aber auch wunderhäßlich nennen. Nur wenige Straßen sind gepflastert, und Paläste und kleine Hütten, schöne Pagoden und schöne Kioske treten einander auf die Hacken. Die Bevölkerung weiß wegen mangelnder Volkszählung selbst nicht, ob sie auf eine halbe oder zwei Millionen geschätzt wird. Sie erwartet gespannt den Prinzen Heinrich, der gleich nach seiner Ankunft in China von Se. Vizemajestät Li-Hung-Tschang nach Peking geleitet werden wird. Es werden schon glänzende Vorbereitungen getroffen. Am Tor der Stadt wird er von weißbezopften Jungfrauen mit einer Schale Tee, dem Ehrentrunk, und von einem großen Trompeterkorps mit echt chinesischen Tuschen empfangen werden. Abends wird die Ruine des kaiserlichen Sommerpalastes, welcher im Oktober 1860 von den Engländern und Franzosen geplündert und zerstört worden ist, festlich beleuchtet werden. Dies soll andeuten, daß Peking in den Deutschen die angenehmeren Feinde erblickt, da sie den Boden nicht betreten, welchem die Paläste gleichgemacht werden, und der Luft fernbleiben, in welche man die Prachtbauten in Feindesland zu sprengen pflegt. Die geborenen Pekinger — und dies ist die Majorität — sind sehr froh darüber, daß Deutschland den Feldzug nicht durch einen Krieg verunziert und die Ströme vermieden hat, in denen das Blut hätte fließen können. Dies erklärte mir gleich nach meinem Eintreffen mein Wirt und schloß seine Rede mit einem donnernden Händedruck. Abends war ich zu einem Fünfuhrtee — solche Tees gibt es hier zwölf täglich — eingeladen und mußte dableiben, bis er sich in einen tanzenden Tee verwandelt hatte. Jeder, der mir vorgestellt wurde, nickte freundlich mit dem Kopf und steckte die Zunge heraus zum Zeichen, daß er mit Deutschland zufrieden sei. Ein Mandarin, der übrigens den Fünfuhrtee stehenließ und nur Fünfuhrrum trank, rief aus: »Du lieber Konfutse, was wäre aus Peking geworden, wenn Sie es belagert hätten! Die Seidenraupen ißt man sich mit der Zeit über, und wer weiß, ob die Cochinchinahühner für die ganze Bevölkerung genug gelegt hätten. Dann mußten wir doch bald, wie die Pariser, die weiße Fahne strecken, denn die Ratten hätten wir niemals zur Tafel gezogen, da wir ein altes Kulturvolk sind. Es ist besser so, wie es gekommen ist: Sie haben uns zur wohlverdienten Strafe ein Stück Land abgepachtet, und wenn Sie die Pacht pünktlich bezahlen, so werden Sie immer mit dieser Genugtuung zufrieden sein können.« Hierauf trank er auf sein Wohl wieder ein Glas Rum.

Hier möchte ich eine Anekdote einflicken, weil sie charakteristisch ist für die hier herrschende Stimmung:

Ich machte einer schlanken Chinesin den Hof, der hier bekanntlich ganz besonders zeremoniös ist. Sie sah mich aus ihren mandelförmig schalkhaften Augen so verliebt an, daß ich meiner Sinne fast ohnmächtig war. Ich war

verschossen, als wäre ich die Pfeile Amors, dessen Köcher leer ist, und ich hatte den Mut, ihre reizend verkrüppelte Zehe mit meinem Fuß zu berühren. Da drohte sie mir mit dem Fächer und fragte mich: »Wollen Sie mich erobern oder bloß pachten?«
Der chinesische Kaiser selbst allerdings ist etwas unruhig, was sich dadurch verrät, daß er stundenlang keinen einzigen Menschen hinrichten läßt. Er fürchtet, daß auch die anderen Großmächte größere oder noch größere Stücke von China pachten und daß auf diese Weise eines schönen Tages ganz China verpachtet sein könnte. Was würde dann aus ihm, der eine Dynastie vertritt, die schon Tausende von Jahren auf dem Thron zugebracht hat und deren Mitglieder absolut nichts als zu herrschen, zu autokratern und nach ihrem Vorgänger den Thron zu besteigen gelernt haben? Jeder andere Sterbliche könnte in solchem Fall von seinen Renten leben, aber selbst dies ist einem chinesischen Kaiser nicht beigebracht worden. Man denke sich also die peinliche Lage des jetzigen chinesischen Monarchen, wenn ihm sein Reich unter der Hand weggepachtet würde und er gezwungen wäre, sich nach einem andern Lebensberuf umzutun. Dann möchte ich nicht in seiner Haut stecken, selbst wenn sie mir wie angegossen säße. Es bliebe dem völlig ausgepachteten Herrscher nichts übrig, als sich ins Privatleben zurückzuziehen und den ganzen Tag ganz zwecklos auf seinem jahrtausendealten Thron zu sitzen und sein nicht viel jüngeres Zepter ins Blaue hinein zu schwingen.
Diese Eventualität soll den nachdenklich gewordenen Herrscher Chinas bewogen haben, Schritte zu tun, wenigstens seine präsumtiven Thronerben gegen eine immerhin mögliche trostlose Lage zu schützen. Ich höre

heute, daß er sich entschlossen hat, seine Söhne für das praktische Leben erziehen zu lassen. Der eine wird für alle Fälle Elektrotechniker, der zweite Radfahrlehrer, der dritte Automatenfabrikant, der vierte Athlet, der fünfte realistischer Bühnenautor usw. werden, während seine Töchter sich für das Novellenschreiben, für die Medizin, für die Advokatur und für den Schalterdienst ausbilden sollen. Es wäre dies eine eigentümliche Erscheinung auf dem Gebiet der asiatischen Herrscher, aber zugleich doch eine sehr nützliche Folge der Wendung, welche die chinesische Geschichte in der Neuzeit erlebt hat.

Herrn Wippchen in Bernau

Sie senden uns soeben die Ankunft des Prinzen Heinrich in den chinesischen Gewässern und schildern dessen Fahrt nach Peking so ausführlich, daß wir zwar nicht umhin können, Ihrer Phantasie unser Kompliment zu machen, aber doch gleichzeitig gezwungen sind, Ihr Manuskript noch zurückzuhalten. Erst wenn der Telegraph meldet, daß unser Geschwader in der Kiautschaubucht eingetroffen ist und der Kommandant desselben die Pekinger Fahrt angetreten hat, wird es an der Zeit sein, Ihren werten Bericht in die Druckerei zu geben. Sie sind etwas zu voreilig. Mit Vergnügen gestatten wir Ihnen, Ereignisse, die uns nicht sonderlich interessieren, zu früh zu schildern, aber hier handelt es sich doch um Vorgänge, auf welche sich die gespannteste Aufmerksamkeit des Deutschen Reiches richtet, und da müssen wir sehr vorsichtig sein. Also bitte: Eile mit Weile! Und noch eine Frage: Wäre es nicht Zeit, die Überschrift Ihrer Berichte sachgemäß zu ändern? Von einem Krieg zwischen Deutschland und China kann doch nicht mehr die Rede sein.

Ergebenst

Die Redaktion

Bernau, den 29. Januar 1898

Es hieße, nicht nur die Eulen nach Athen tragen, sondern diese mir so wenig sympathischen Vögel auch in die schadhaften Gefäße der Danaiden schütten, wollte ich versuchen, Ihnen das Unlogische Ihrer geehrten Weigerung, meine Ankunft des Prinzen Heinrich in China zu veröffentlichen, klar wie den Tag zu machen. So munter ich in diesem Augenblick auch sei, so bin ich es doch müde, Ihnen immer wieder aufs neue auseinanderzusetzen, wie leicht es ist, über etwas, was bereits geschehen, zu berichten. Das kann der Draht, das Echo, die Photographie so gut wie unsereiner, ja, noch besser. Ich bin aber als Korrespondent kein Draht, das können Sie mir glauben. Ich bin ein Mensch, ein Nachdenker, ein Überleger, ich blicke in die Zukunft, soweit sie es mir gestattet, und einen solchen Blick habe ich getan, und was ich gesehen, das vertraute ich dem Papier an. Kaum bei Ihnen angelangt, bekam es Flügel und flog in Ihren werten Papierkorb. Wenn ich, statt viel zu schreiben, etwas zu sagen hätte, so würde ich Ihnen den Papierkorb höher hängen lassen, denn er verdient nicht, begnadigt zu werden.

Ich bitte Sie auch, an meiner Überschrift nichts zu ändern. Soll sie etwa »Der deutsch-chinesische Frieden« lauten? Zum icksten Male erinnere ich Sie daran, daß der Frieden als lieblicher Knabe am ruhigen Bach gelagert liegt. Glauben Sie mir das nicht, so fragen Sie nur bei der Braut von Messina an. Aber die Bucht von Kiautschau ist kein ruhiger Bach und unser Geschwader kein lieblicher Knabe. Dieser kann sich jeden Augenblick erheben und dem Mars Platz machen, es bedarf nur eines Funkens, auf den ein Pulverfaß geleert wird. Ebenso schnell, wie man in der von Schiller geleisteten Bürgschaft den Vers »In den Armen liegen sich beide« in den Vers »In den Haaren liegen sich beide« umwandeln kann, so schnell, also etwa wie der Blitz, verwandelt sich der männerschaffende Friede in den männermordenden Krieg. Heute rot, morgen Schrot. Die Würfel, die dir heute gefallen, sind es morgen. Wenn also in meiner Überschrift Krieg steht, so rufe ich Ihnen mit Luther zu: »Das Wort Sie sollen lassen stahn.« Ich bitte darum.

Nun sende ich Ihnen einen anderen Bericht, ich bin, wie Sie sehen, Wachs in Ihrer Hand. Seien Sie etwas Ähnliches in der meinen und senden Sie mir einen Vorschuß von vierzig Mark, so wäscht eine Hand die andere.

W. Peking, den 26. Januar 1898

Seit ich meinen letzten Bericht in den Kaiserlichen Postkasten gesteckt habe, hat sich China langsam an das *fait* gewöhnt, welches man *accompli* zu nennen beliebt. Wohin sollen sich denn die Chinesen, die klug sein wollen, schikken als in die Verhältnisse? Charakteristisch ist eine Antwort, die mir gestern ein hochstehender Chinese gab, als ich über die Hitze klagte. »Das finde ich nicht«, sagte er, »wir lassen fünf Grade sein.« Wir schüttelten uns vor Lachen die Hände. Es lag aber ein tiefer Ernst in diesem kindischen Wortspiel. Die Chinesen können gar nichts anderes tun, als alles ruhig tragen, namentlich den Zeitumständen Rechnung. In jeder Bucht ankert eine Großmacht. Es ist, als habe die gütige Natur den Chinesen nicht mehr und nicht weniger Buchten gegeben, als sie Großmächte geschaffen hat, und wenn plötzlich eine neue Macht auftauchte und einige Schiffe hinschickte, so müßte China eine neue Bucht anlegen, damit jene Macht nicht gezwungen ist, ihren Anker auf das feste Land zu werfen. Man kann sich also denken, daß China froh ist, mit einem Auge davonzukommen, das der Bläue wenigstens nicht ganz entbehrt. Wenn in der letzten Zeit wieder Exzesse gegen Deutsche stattgefunden haben, so täte man Unrecht, sie dem Land in die Schuhe zu schieben. Die chinesischen Landesschuhe haben mit diesen Ausschreitungen nichts zu tun. Es ist der Pöbel (Goethe nennt ihn den süßen, ich habe ihn nicht gekostet), der nicht einmal Schuhe trägt. Die anständigen Chinesen nehmen sich sehr in acht, dem Deutschen weniger als drei Schritt vom Leibe zu bleiben, so daß es sehr schwer ist, ihnen auf der Straße etwas Feuer oder den Arm zu geben. Daraus entstehen denn auch höchst merkwürdige Szenen, wie die folgenden.

Vor einigen Tagen war ich bei einem reichen Mandschu, Ritter der gelben Jacke mit Schwertern, zu Tisch geladen. Ich saß zwischen seinen beiden Nebenfrauen, die mir nicht gestatteten, ein Glas Sekt zu trinken. Als ich sie nun fragte, ob sie etwa den Champagner nicht liebten, verneinten sie einstimmig, aber sie fürchteten, ich könnte mir den Magen erkälten und daran sterben, und sofort würde Deutschland noch eine Bucht pachten, und das könnten sie nicht verantworten. So mußte ich also gestatten, um China nicht ins Unglück zu stürzen, daß mein Glas Sekt heiß gemacht wurde. Ich schäumte vor Wut. Um das zu verstehen, muß man selbst einmal eine direkt vom Feuer gekommene halbe Witwe Clicquot genossen haben. Nie trinke ich hier wieder Sekt!

Zwei Tage nach meinem Eintreffen geriet ich mit einem sehr liebenswürdigen rohen Seidenhändler in einen Streit, so daß ich ihn fordern mußte. Er nahm aber die Forderung nur unter der Bedingung an, daß ich mich verpflichtete, nicht zu fallen, denn wenn nicht er, sondern ich auf dem Platze bliebe, so würde China abermals drei

Kirchen bauen und andere Genugtuung geben müssen, und namentlich das Bauen von Kirchen sei den Chinesen höchst peinlich. Eine Verpflichtung, am Leben zu bleiben, mochte ich nicht übernehmen, und so konnte ich bis heute noch die Beleidigung nicht mit Blut abwaschen, was mir bei meiner bekannten Ritterlichkeit höchst unbequem ist.

Man sieht aber hieraus, daß die Chinesen an dem Bockshorn, in das sie durch das deutsche Geschwader gejagt worden sind, schwer zu tragen haben, und daß sie es sich nicht so leicht werden ablaufen können. Denn schon der bloße Gedanke, daß das Geschwader ihnen noch mehr Kirchen diktieren könnte, treibt sie in eine Enge, welche einer Bevölkerung von mehr als vierhundertundzehn Millionen nicht gewachsen ist. Aber ich kann Ihnen auch nicht verschweigen, daß die anderen Großmächte fortwährend versuchen, die Chinesen zu Ausschreitungen zu verleiten, um auf diese Weise in den Besitz von Buchten und anderen Landesteilen zu gelangen. Es steht fest, daß England und Rußland Leute ans Land setzen, damit sie hier einem jungen Chinesen einen Strich durch die Liebste machen, dort es wagen, einem Alten den Zopf, der ihm heilig ist, in den Staub zu ziehen. Dadurch sollen sie Aufläufe hervorrufen, die mit Mißhandlungen oder Schlimmerem der Europäer enden, worauf dann nach London oder St. Petersburg telegraphiert werden kann: »Ein Pachten war's, nicht eine Schlacht zu nennen.« Aber, wie gesagt, die Chinesen liegen stets auf der Lauer, um ihren Feinden auszuweichen, und blicken mit scharfem Auge in das Schild, sehend, was die reizenden Herren in demselben führen, und lassen sich eben nicht reizen.

Ich halte dies für gut, denn nur so werden friedenstörende Konflikte vermieden. Nächstens mehr.

Herrn Wippchen in Bernau
Es freut uns sehr, daß Sie sich unserer chinesischen Unternehmung wieder zuwandten, obschon wir noch immer nicht damit einverstanden sein können, daß Sie an Ihrer Überschrift festhalten, jetzt noch, wo der friedliche Verlauf dieser nützlichen Expedition gesichert erscheint. Indes wollen wir hiergegen nicht weiter opponieren, nachdem Sie uns in Ihrem geschätzten Schreiben vom 29. Januar mit Ihrer Ansicht bekannt gemacht haben. Hierfür verlangen wir aber auch, daß Sie nicht auf dem Abdruck Ihrer Ballade bestehen, in welcher Sie Ihr Badeabenteuer schildern. Denn wer wird Ihnen glauben? Und ist es nicht eine bekannte afrikanische Anekdote, die Sie da verwenden? Unseres Wissens gibt es auch an der chinesischen Küste weder Krokodile noch Haifische. Einliegend finden Sie also Ihre höchst gruselige Ballade:

Kiaut-Schauerballade

Ich stand da eines Tags am Strand
Und dachte, schön wär's, mal zu baden,
Wenn ich es auch nicht nötig fand —
Es schien mich förmlich einzuladen.

Da kam ein Mandarin daher,
Der auch hier ging, sich abzukühlen,
Den fragt' ich, wo ein Plätzchen wär',
Das ganz entblößt von Krokodilen.

Man kann von dieser Bestie ja
Sich denken, was man will, indessen
Sie kann empfindlich stören, da
Den Badenden sie pflegt zu fressen.

Er ging mit mir entlang am Strand
Und wies mir eine solche Stelle.
Abstreifte gleich ich mein Gewand
Und sprang beruhigt in die Welle.

Dann sprach ich: Freundchen, sage mir,
Du wirst dadurch mich sehr verbinden,
Wie konntest wissen du, daß hier
Sich keine Krokodile finden?

Das ist sehr einfach, Fremdling, sagt
Der Mandarin von seiner Höhe,
Haifische hausen hier, da wagt
Kein Krokodil sich in die Nähe.

Ich wollt' nicht meinen Ohren trau'n,
Und weiß auch kaum, wie ich gefunden
Den Weg ans Land vor Furcht und Grau'n —
Der Mandarin war längst verschwunden.

Indem wir Sie bitten, uns gefälligst etwas Glaubwürdiges zu senden, grüßen wir Sie

ergebenst
die Redaktion

Bernau, den 21. März 1898

Der Pegasussprung meiner Leier in Ihren werten Papierkorb hat mir nicht wehgetan. Man gewöhnt sich schließlich an alles. Ich habe mir zum Beispiel vom Aal sagen lassen, daß er manchmal ganz verwundert um sich schaut, wenn keine Köchin da ist, welche ihm die lebendige Haut abzieht, so sehr sind die Aale daran gewöhnt, daß sie in dieser Weise vom Leben zur Küche gebracht werden. Aber ich möchte Sie doch fragen: wo in aller Welt habe ich in meiner Schauerballade gedichtet, daß mein Abenteuer nicht auch schon einem Haupt- oder Nebenmenschen passiert sei? Muß denn jedes Glück oder Unglück mir allein zugestoßen werden? Wenn Adam von Eva einen Apfel nahm, hat etwa Paris der Aphrodite eine Pflaume gereicht oder Tell vom Haupt seines Sohnes eine Ananas geschossen? Ihr Papierkorb in Ehren, aber Sie werden ohne Zweifel jetzt auch den Schwarzen hineinwerfen, von dem ich Ihnen aus Afrika erzählen würde, daß er eine Weiße geheiratet habe, und werden erklären, daß dies ja Othello schon getan habe. Allerdings. Aber wenn Sie mir fortwährend Ihren Plagiatenriecher Akiba aufs Dach setzen, so nennen Sie mir doch den Herrn Urian, der Ihnen, wenn er eine Reise tut, was erzählen kann. Freilich ist schon alles dagewesen. Ich gebe dem Prediger Salomo I, 9 recht: »Es geschieht nichts Neues unter der Sonne.« Aber ich muß Sie doch bitten: bleiben Sie mir mit diesem Vers vom Leibe! Diese drei Schritte müssen Sie mir zu Gefallen tun, wenn ich überhaupt noch eine einzige Quartseite eintauchen soll.

Unter allem, was schon dagewesen, nimmt leider mein Geldbriefträger noch immer nicht den Rang ein, der diesem tüchtigen und allgemein beliebten Beamten zukommt. Schicken Sie mir ihn also recht bald oder noch früher mit einem Vorschuß von vierzig Mark. Sie sehen, wie rasch ich wieder versöhnt bin.

W. Peking, den 15. März 1898

Auch heute ist es mir mit dem besten Willen nicht möglich, über die Ankunft des deutschen Reichsgeschwaders zu melden, das nicht einmal in Sicht, geschweige denn in China ist.

Man muß Geduld haben, es ist ein langer Weg von der Mitte unseres Reiches bis zum Reich der Mitte.

Die Chinesen sehen unserem Prinzen Heinrich mit gespannter Aufmerksamkeit entgegen. Als ich gestern einen alten Chinesen sagte, daß der Prinz genauso heiße wie Faust, hatte er leider keine Ahnung von diesem Werk der Weltliteratur und schlug in einem deutsch-chinesischen Wörterbuch nach, das er vor Schreck alsbald fallen ließ, nachdem er gelesen hatte: »Faust, im Zorn geballte Hand, um zuzuschlagen, sich den Gegner vom Leibe zu halten oder ihn zu mißhandeln oder ihn zu züchtigen.« Es dauerte lange, bis ich ihm das Menschliche seines Irrens auseinandergesetzt hatte.

»Faust«, belehrte ich ihn, »ist ein Gelehrter, dem eines Tages ein Pudel zulief, der nicht stubenrein gewesen ist, sondern plötzlich hinter dem Ofen wie ein Nilpferd aussah, so daß Faust den Spruch der Viere gebrauchen mußte. Hierbei stellte es sich aber heraus, daß keiner dieser Viere in dem Tier steckte. Im Gegenteil schwoll der Pudel mit borstigen Haaren auf, worauf Faust sich nicht anders zu helfen wußte, als Salomonis Schlüssel zu ergreifen, mit dessen Hilfe er dem Tier drohte, es mit heiliger Lohe zu versengen. Jetzt erst füllte es den ganzen Raum an und wollte eben zum Nebel zerfließen, als Mephistopheles wie ein fahrender Scholasticus gekleidet den Pudel verließ. Dieser Gelehrte nun heißt Heinrich Faust und bildet den Gegenstand der Verehrung aller Deutschen.« Der alte Chinese, der kein Deutsch verstand, schien mich für toll oder voll zu halten und lief, so rasch ihn seine verkrüppelten Füße tragen konnten, lachend davon.

Dieser ungebildete Mann ist aber eine Ausnahme. Die große Mehrheit der Chinesen erwartet unseren Prinzen und sein Geschwader als eine Rettung vor den übrigen Großmächten, die von dem Reich der sogenannten Mitte ein Stück nach dem anderen in die Tasche abpachten wollen, so daß schließlich nur wenig übrigbleiben dürfte. Mit großem Respekt wird hier daher von der Schweiz gesprochen, weil sie keine Flotte hat und deshalb nicht daran denken kann, sich an dem allgemeinen Pachten zu beteiligen.

So ist die Schweiz heute in China das beliebteste Land Europas.

Die Vorbereitungen zum Empfang des Prinzen sind in vollem Gang. Die Behörden haben alle Fabriken voll zu tun, um die deutschen Fahnen herzustellen, die Kanonen sind feierlich geladen, und die Jungfrauen, welche bereits bezeichnet sind, am Empfangstag weißgekleidet zu erscheinen, werden auf das schärfste überwacht, um jede Störung des Programms zu vermeiden. Ich weiß aus einer dem Tschungli-Yamen (sprich: Tschungli-Yamen) nahestehenden Quelle, daß alles geschehen wird, den Prinzen Heinrich bei bester Laune zu erhalten, und alles vermieden werden wird, was geeignet erscheinen könnte, seinen Fuß China gegenüber zu spannen. Denn davon fürchtet China wohl das Schlimmste: eine strenge Pachtung, einen unerbittlichen Eisenbahnbau und eine weitere, wohlverdiente Eröffnung neuer Absatzgebiete für deutsche Industrieerzeugnisse. China hat allen Grund, auf der Hut zu sein.

Der nächste Krieg

W. Bernau, im Januar

Wenn auch nicht ersucht, mich über die brennende Frage des nächsten Krieges löschend zu äußern, bin ich doch gern bereit, dies zu tun, weil so viele, welche dem Kriege fernstehen, in dieser Angelegenheit das flüchtige Wort ergreifen.

Solange es Haare gibt, werden sich auch die Völker in denselben liegen. Sooft die Streitaxt begraben worden ist, war sie nur scheintot, denn immer wieder erschien sie auf dem Plan, den irgendein Generalstab ausgearbeitet hatte, und in demselben Moment hatte auch die Friedenspfeife Sehnsucht nach frischer Luft und ging aus. Alle Bemühungen, der sattsam bekannten Kriegsfurie die verheerende Fackel zu entwinden, werden immer scheitern, bis die Menschen gescheiter werden, und bis dahin wird es noch manchen Zaun geben, von dem ein Krieg gebrochen wird. Alle Welt nennt den Krieg einen Verbrecher, und alle Welt wundert sich, daß er ausbricht, obgleich er bekanntlich befestigt ist!

Nun hat man allgemein behauptet, daß er unmöglich sei, weil jeder Staat nur mit rund tausend Ängsten an ein solches Abenteuer denke. Denn die Heere würden dem Xerxes ähnlich sehen, die rauchlosen Geschosse wie Sand am Meer unter ihnen aufräumen, und es würde nicht möglich sein, die Soldaten standesgemäß zu sättigen und die

Verwundeten mit heiler Haut zu den Verbandplätzen zu bringen. Hier aber gilt mehr als anderswo der Spruch: Irren ist menschlich, indem solche Bedenken den nächsten Krieg am wenigsten verhindern können. Denn da die Waffen in der Tat, oder sagen wir: in der Untat, wo sie hintreffen, kein Gras wachsen lassen und gewissermaßen den Sensenmann in den Schatten schießen, so ist natürlich die Ernährung der Soldaten und ihre Beförderung auf den Verbandplatz durchaus überflüssig. Daran scheint man in den Generalstabsgebäuden noch gar nicht gedacht zu haben. Dort wirft sich ein Kriegsheld in die mit Orden bedeckte Brust, weil seine Geschosse jede Heeressäule wie mit einem haarscharfen Messer vom Erdboden rasieren, und dabei zerbricht sich wieder ein anderer Kriegsheld den Graukopf mit der Frage: wie kann ich solche Heeressäule ernähren? Es wäre dies komisch zu nennen, wenn es heiter wäre. Die Sprache hat dafür den richtigen Ausdruck gefunden, indem sie sagt: ein Toter ißt nicht mehr. Die Verband- und Proviantfrage halte ich also für vollständig müßig

Mit Schiller gebe ich zu, daß der Krieg nicht der liebliche Knabe ist, der am ruhigen Bach gelagert liegt, und es sollte mich freuen, wenn er eines Tages da erklärt würde, wo bekanntlich der Pfeffer wächst. Leider aber kann sich mein innerer Thomas nicht an diesen Gedanken gewöhnen. Alle Bemühungen der Friedensfreunde halte ich für vergeblich. »Die Waffen nieder!« ist leicht befohlen, aber wo sind diejenigen, die gehorchen? Immerwährend werden die Waffen verbessert, und sie vermehren sich regelmäßig. Die Gewehre werden kleinkalibriger, die Kanonen gezogener, die Kriegsschiffe panzerplatter, und alle neuen Erfindungen: die Luftschiffahrt, die Hunde, die

Elektrizität und die Tauben leisten schon Kriegsdienste. Es gibt keinen Rang, welchen die Staaten sich auf diesem Gebiete nicht abzulaufen, keine Nasenlänge, um die sie sich nicht zu schlagen suchen. Meine Überzeugung ist: Der nächste Krieg wird immer unvermeidlich sein, und ich habe nur die Hoffnung, daß er durch seine Schrecklichkeit den dann nächsten unmöglich machen wird.

In gewissem Sinne gleicht der nächste Krieg dem Vorschuß. Senden Sie mir, bitte, umgehend fünfzig Mark, und Sie werden sehen, das es nicht der letzte ist. Das ist eben im menschlichen Charakter begründet.

Inhalt

Eike Christian Hirsch

Den Leuten aufs Maul

Ein- und Ausfälle vom Besserwisser
Mit zehn Illustrationen von Dietrich Lange.
192 Seiten, gebunden.

Eike Christian Hirsch ist als unverbesserlicher Besserwisser seit langem bekannt. Sein drittes Buch setzt die Tradition der berühmt-berüchtigten Live-Reportagen fort und unterhält, um zu belehren (oder auch umgekehrt).
Der Psychoslang der Selbsterfahrungsgruppen wird genauso bissig aufs Korn genommen wie die Sprach- und Verständnisbarrieren zwischen Jugend und Eltern (und Älteren überhaupt). Theaterkritiken mit ihrem oftmals übertriebenen Kauderwelsch, aus allen möglichen und unmöglichen Bereichen der Sprache zusammengesucht und von den Kritiker-›Päpsten‹ bis zum Überdruß praktiziert, werden einfach vorgestellt und entlarven sich selbst.
Es ist amüsant, von den Entzugserscheinungen eines Rauchers zu lesen, der nach dem Essen noch nicht seine geliebten Stäbchen anstecken darf, weil noch jemand am Tisch ißt, und oftmals wird der Leser Verhaltensweisen, die Hirsch kritisiert, betroffen als seine eigenen erkennen.
Das Schöne an dem Buch ist, daß die Geschichten jeweils nur zwei Seiten umfassen. Da kann man es schnell wieder weglegen, wenn man sich allzusehr ertappt fühlt.

Ruhr-Nachrichten

Dieter Wildt

Deutschland deine Pensionäre

Ein fröhlicher Lenz im Herbst des Lebens
256 Seiten, gebunden.

Fünfzehn Millionen bundesdeutschen Pensionären geht es heute so gut wie nie. Sie sind wohlhabend, gesund, aktiv und genießen routiniert ihr Leben. Mit vielen Geschichten beweist Dieter Wildt, daß sich in den letzten Jahren die Arbeitsmoral hierzulande radikal gewandelt hat. Keiner will mehr in den Sielen sterben, pflichteifrig und arbeitswütig bis zuletzt. Ein Buch zum Verschenken an die 33 000, die Monat für Monat in Pension gehen.